UN JOUR DE LIBERTÉ,

COMÉDIE EN TROIS ACTES MÊLÉE DE CHANT,

PAR MADAME ANCELOT,

Représentée pour la première fois, à Paris, sur le théâtre du Vaudeville, le 25 novembre 1844.

NOTA. S'adresser pour la musique de cette pièce à M. TARANNE, Bibliothécaire de Musique au Théâtre.

PERSONNAGES.	ACTEURS.
LE COMTE ROGER DE BUSSY RABUTIN	MM. FÉLIX.
ARMAND DE THÉLIGNY	LAFERRIÈRE. MUNIÉ.
LE CHEVALIER ROGER	BALLARD.
UN EXEMPT DE JUSTICE	CAMIADE.
PLUSIEURS OFFICIERS ET SEIGNEURS	
LA COMTESSE MARIE DE CLÉRAMBEAU	Mmes DOCHE.
LA DUCHESSE DE CHEVREUSE	THENARD.
RENÉE DE DREUX	BRASSINE.
LA DUCHESSE D'OLONNE	LIEVENNE.
LA COMTESSE DE SABRAN	LAVERNY.
MADAME DE BAGNEUX	DERVAL.
COLETTE, femme de chambre d'Athénaïs	VICTORINE.

La scène se passe chez la comtesse de Clérambeau à Saint-Germain, au commencement du règne de Louis XIV.

NOTA. Les personnages sont placés en tête de chaque scène comme ils doivent l'être au théâtre; le premier indiqué occupe la droite de l'acteur.

ACTE PREMIER.

Le théâtre représente un salon ouvrant sur des jardins. — Au fond, trois portes vitrées. — A droite du public deux portes. — A gauche, une fenêtre au 2e plan, une porte au 3e, une console appuyée au mur, au 1er plan. — Du même côté une table; de l'autre côté un sopha.

SCÈNE PREMIÈRE.

ROGER, MARIE ET LES CHASSEURS.

(*Au lever du rideau la comtesse Marie est étendue sur le sopha; le chevalier Roger et les chasseurs*).

Air : 1er chœur de l'Extase.

Allons, Messieurs, le temps est beau,
Le cor résonne et nous appelle,
Qu'à son signal on soit fidèle,
Quittons à l'instant ce château. (*bis*)

De la forêt l'épais ombrage
Pour les chasseurs s'étend là bas,
Hâtons nos pas;
Partons sans tarder davantage,
Car le gibier n'attendrait pas.

ROGER.

La chasse manquera de son plus grand charme si nous ne pouvons dire : la perle de la cour, la belle comtesse de Clérambeau en faisait partie.

MARIE, *d'une voix très faible.*

Vous le voyez, la force me manque. (*Souriant.*) Je ne m'en sens plus que pour commander un souper qui vous attendra ici avec quelques unes des plus jolies femmes de la cour

ROGER.

A l'emploi que vous donnez à ce qui vous reste de forces, nous regrettons encore plus que vous en manquiez pour nous suivre : mais on voit que vous avez besoin de repos, et que vous ne pourriez pas quitter ce sopha.

MARIE, *se soulevant avec peine.*

Allez donc, messieurs, pendant que je ferai des vœux pour vos succès et vos plaisirs. (*Elle retombe sur le sopha.*)

ROGER ET LE CHŒUR.

REPRISE de l'air.

De la forêt l'épais ombrage, etc.

(*Roger et le chœur sortent.*)

SCÈNE II.

MARIE, *puis* COLETTE.

MARIE, *regarde autour d'elle, se voit seule et saute en riant au milieu du théâtre.*

MARIE, *appelant.*

Colette! Colette!

COLETTE, *accourant effarée par une porte à gauche de l'acteur.*

Est-ce que madame la comtesse a entendu aussi.

MARIE, *riant.*

Quoi donc? quel air effaré!

COLETTE.

Des cris comme si l'on appelait au secours!. Ah, depuis que madame habite ce pavillon au milieu de la forêt de Saint-Germain...

MARIE, *riant.*

Tu as toujours peur, n'est-ce pas? Mais, dans ce moment, tu n'as pas le temps d'être effrayée; profitons de ce que je suis seule : as-tu ce que je t'ai demandé.

COLETTE.

Certainement.

MARIE.

Montre s'il est bien.

COLETTE, *allant prendre dans la pièce d'où elle est sortie un domino noir.*

Ce costume complet est exactement pareil à celui que madame la comtesse portait au bal masqué.

MARIE.

Chut! plus bas! Qu'on ne se doute pas de cette folie dont tu es cause. (*Pendant ce temps elle a regardé le domino.*)

COLETTE.

Moi?

MARIE.

Je ne vois pas les nœuds roses.

COLETTE.

Les voici : faut-il les attacher?

MARIE.

Sans doute! là! comme les miens!.. Tu as toute ma confiance, Colette; tu n'es pas une femme de chambre ordinaire... mets une épingle ici... toi ma sœur de lait.

COLETTE.

Et dévouée à la vie et la mort!.. Je crois que le nœud est trop bas.

MARIE.

Relève-le un peu.

COLETTE.

Moi, je n'aime que vous; je suis la seule au château qui ne veuille pas d'amoureux.

MARIE, *riant.*

Voilà ce que c'est d'être à bonne école.

COLETTE, *riant.*

Et ce n'est pourtant pas faute d'en trouver.

MARIE.

Sans cela point de mérite.

COLETTE.

Et ces jours derniers encore, un qui me poursuivait... mais je m'en ris.

MARIE.

Tu ris de tout, toi, Colette.

COLETTE.

Moi je ne vais pas à la cour comme madame, qui en revient quelquefois si triste.

MARIE.

La reine-mère s'ennuie tant que cela se communique à toutes ses dames d'honneur.

COLETTE.

Donc vous êtes la plus jeune. Veuve à dix-huit ans!..

MARIE, *soupirant.*

Va, ce n'est pas si gai que tu le crois! aussi, hier je rentrais toute triste quand je t'entends rire aux éclats...

COLETTE.

Moi, je n'ai que la joie pour me dédommager de la pauvreté.

MARIE, *riant.*

Moi, je ne voudrais pas n'avoir que la richesse pour me dédommager de la joie.

COLETTE.

Alors vous voulez voir ce bal masqué public dont je riais encore?

MARIE.

Ah, si l'on savait?

COLETTE.

Mais on ne saura pas.

MARIE.

Voilà maintenant ce costume tout-à-fait pareil à celui que je portais : tu vas le mettre, et retourner de nouveau, ce soir, à ce bal. Arrange-toi, là, que je te voie.

COLETTE, *tout en parlant, elle met le domino.*

C'est le dernier du carnaval, il faut donc en profiter pour savoir qui est celui qui a tant intrigué madame.

MARIE.

Oui, qui peut-il être?

COLETTE.

C'est quelque beau seigneur de la cour.

MARIE.

Je l'aurais reconnu.

COLETTE.

Quelque élégant de la ville?

MARIE, *avec dédain.*

Je n'aurais pas envie de le connaître.

COLETTE.

Je devine!.. c'est un savant!.. de ces gens qui font des livres.

MARIE.

Il n'aurait pas ce grand air qui dénote une illustre naissance, cette vivacité de propos qui indique un homme d'esprit, et cette grâce charmante qui révèle le talent de plaire.

COLETTE, *malignement.*

Aurait-il déjà exercé ce talent?

MARIE, *riant.*

Auprès de moi?.. ah, je l'en défie, lui ou tout autre!.. J'ai recouvré ma liberté et je la garde! Ne m'a-t-on pas déjà offert vingt partis superbes? Ne me fait-on pas une cour assidue? Ah! paroles perdues, Colette! m'amuser de tout, ne m'inquiéter de rien, rire des passions, des prétentions, des folies, et défendre mon cœur comme ma réputation de toute atteinte, voilà mon plan bien arrêté.

COLETTE.

Alors, c'est donc par curiosité?

MARIE, *riant.*

Ah! la curiosité! c'est si naturel qu'elle date de la création du monde : notre mère Eve...

COLETTE, *riant.*

En perdit le paradis! Et Dieu sait ce que d'autres femmes depuis y ont encore perdu!

MARIE.

Il est donc juste que j'y gagne quelque chose! mais quel bruit?

COLETTE, *allant vivement à la fenêtre.*

Un carrosse de voyage, attelé de six chevaux couverts de poussière.

MARIE, *vivement.*

Je n'attends personne. Colette, entre vite là; n'oublie pas le masque, le mot de railliement, et surtout souviens-toi bien que jamais une autre que toi n'a été à ce bal sous ce costume, et n'y a parlé à celui que tu vas y questionner. (*Elle jette un coup-d'œil sur la fenêtre.*) On va monter, sors! (*Colette sort par la porte à gauche de l'acteur au 1er plan.*)

SCENE III.

MARIE, *seule, à la fenêtre.*

La livrée de la duchesse de Chevreuse!.. Est-ce possible?.. Mais la duchesse était exilée depuis que les troubles de la Fronde sont apaisés.. Et elle m'écrivait il y a peu de jours que sa paisible retraite valait mieux que les plaisirs de la cour (*riant*) où il n'était plus question que de sa conversion. Est-ce que le monde aurait encore des attraits?... Et n'aurait-elle fait que contre mauvaise fortune bon cœur?

UN DOMESTIQUE, *au fond.*

Madame la duchesse de Chevreuse...

MARIE.

C'est elle.

LE DOMESTIQUE.

Et mademoiselle Renée de Dreux.

MARIE.

Ma cousine!.. qu'on prépare leur appartement, je vais au devant d'elles.,. ah! les voici.

SCÈNE IV.

La DUCHESSE, MARIE, RENÉE.

RENÉE *se jetant dans les bras de Marie.*

Oh! mon amie, c'est vous!

MARIE, *l'embrassant.*

Renée!... ma cousine!... (*s'arrêtant et saluant avec respect.*) Pardon, madame la duchesse.

LA DUCHESSE, *vivement.*

Ah! je comprends une vive amitié... (*se reprenant avec un air contraint et géné*) quoiqu'il ne faille pas s'abandonner aux affections terrestres. (*Tout le rôle de la duchesse est dirigé par une nature vive et passionnée, mais on voit qu'elle s'est imposé une réserve sévère* (*mouvement et sourire des deux autres femmes. La duchesse continue*). Elevées ensemble, et séparées depuis cinq ans par le cruel exil qui vient enfin de cesser, et où Renée orpheline m'avait suivie...

RENÉE, *à Marie.*

Je vous retrouve veuve.

MARIE.

J'espérais vous retrouver mariée.

RENÉE, *soupirant.*

Ah!

LA DUCHESSE.

Malgré la solitude de ma terre de Senneville, je trouvais pour Renée un superbe parti; elle le refuse!... mais que je vous regarde, chère belle!... Dieu, que le veuvage vous va bien!

MARIE, *souriant.*

Vous croyez?

LA DUCHESSE.

C'est ce qu'on me disait aussi il y a sept quand je perdis monsieur le duc de Chevreuse, au milieu des troubles de la Fronde (*Elle soupire*). C'était le bon temps!... (*Elle se reprend*). Non un temps d'erreurs... dont nous devons faire pénitence.

MARIE, *souriant.*

Tout le monde guerroyait alors!... les seigneurs, les princes, le cardinal, la reine!.. Sans compter cette guerre que les jeunes gens font sans cesse aux jolies femmes, et celle que les coquettes font quelquefois à tout le monde.

LA DUCHESSE, *qui s'est animée à ces mots (gaiement et vivement).*

Ah! c'étaient des surprises, des ruses, des combats, des fêtes, à n'avoir pas un moment de loisir et d'ennui!.. la vie était si brillante!.. (*elle s'arrête et reprend un air de componction*), si coupable!..

RENÉE, *riant.*

Qu'on la regrette!... (*mouvement de la duchesse. Renée change de ton*), en la blâmant.

MARIE.

Mais un peu de repos ne serait-il pas nécessaire après le voyage?

LA DUCHESSE.

Sans doute!.. Pourtant pas avant que vous ne

m'avez dit ce qui remplace en ce moment à la cour et à la ville cette vie... agitée.

MARIE.

Depuis que les troubles ont cessé, et que le cardinal Mazarin est descendu dans la tombe, la reine Anne d'Autriche n'a plus ni chagrins, ni plaisir; mais le jeune roi Louis XIV commence à ressentir l'amour et à comprendre la gloire. Des femmes spirituelles et charmantes, des hommes d'un grand talent en tous genres se pressent autour de son trône, comme s'ils devinaient que son éclat doit mettre en lumière le génie et la beauté. Enfin, il y a ici un espèce de pressentiment de grandeur et de gloire qui imprime à tout du calme et de la dignité. Pour moi, bien vue de la reine et fêtée en tous lieux, mon cœur indifférent ne se donnera. . qu'à un amour sincère.

LA DUCHESSE.

Sentimentale, romanesque, vous refusez une immense fortune avec le comte Philippe de Théligny mon neveu que vous n'avez pas même voulu connaître.

MARIE.

Plus tard vous saurez pourquoi.

RENÉE.

Ah! que vous avez raison, Marie, de ne vouloir vous marier qu'à quelqu'un digne de votre amour, et qui ait su l'obtenir!

LA DUCHESSE.

Est-ce qu'elle n'est pas la veuve du comte de Clérambeau, et vous la fille du marquis de Dreux? Est-ce que vous ne devez pas penser d'abord à votre naissance, au lieu de faire du sentiment comme vos femmes de chambre? Oh, mon Dieu, qu'est-ce que les jeunes personnes à présent? Je n'avais pas vingt ans, moi, qu'avec nos gentilshommes je luttais contre le premier ministre pour défendre les droits de la noblesse! Et cela n'empêchait pas d'être jolie!... Mais vous soupirez, vous tremblez maintenant, et vous ne sauriez pas plus inventer une ruse de guerre que manier un fleuret!.. (*avec exaltation*), c'était bien amusant pourtant!... (*se reprenant avec embarras et componction.*) Ce n'est pas qu'un rosaire n'aille mieux aux mains d'une femme qu'un mousqueton!.. Mais que fait-on donc?

MARIE.

Depuis qu'on ne se bat plus dans les rues, on fait de l'esprit dans les ruelles : La marquise de Rambouillet a su faire de la conversation une puissance et de la gloire une noblesse; le jeune roi s'est empressé de les reconnaître; et comme en France on prend toujours les goûts du souverain, vous verrez que sous le règne de Louis XIV, tout le monde aura de l'esprit et du talent.

LA DUCHESSE, *avec découragement.*

Ainsi, jusqu'à présent, pas la plus petite intrigue de cour? Pas la plus petite aventure? (*Marie et Renée rient, la duchesse se reprend*. C'est bien heureux!.. sans cela, je n'y reviendrais pas.

UN DOMESTIQUE *entrant.*

L'appartement de madame la duchesse est prêt.

MARIE, *à Renée.*

Pour vous une chambre à côté de la mienne.

LA DUCHESSE.

La fatigue me force à vous quitter.

MARIE.

Mais pour revenir, car ce soir j'attends à souper les plus distingués de nos jeunes seigneurs qui sont en chasse dans la forêt.

LA DUCHESSE, *vivement.*

Ah, ah!.. Il faut donc réparer un peu sa toilette. (*Les autres rient*). On n'est plus des vanités du monde, mais on ne veut pas les offenser; on se doit à son rang. (*à part*). Ce ne sera pas si triste que je le craignais d'abord.

Air : de A. Doche

Pour songer à notre toilette
Nous n'offensons point le Seigneur :
On veut bien n'être pas coquette,
Mais on ne veut pas faire peur.

ENSEMBLE.

MARIE, LA DUCHESSE, RENÉE.

En songeant à notre toilette
Nous n'offensons point le Seigneur, etc.

(*La duchesse sort par la porte du dernier plan à gauche de l'acteur.*)

SCÈNE V.

RENÉE, MARIE.

MARIE, *gaiement.*

Oh! que de choses nous avons à nous dire!

RENÉE, *gaiement.*

Je ne sais par où commencer.

MARIE.

Par le plus important.

RENÉE.

C'est que c'est le plus difficile.

MARIE.

Commencez toujours! ce que vous n'oserez pas dire, je le devinerai.

RENÉE, *riant.*

Vous voyez que, malgré sa réforme, la duchesse de Chevreuse a encore un peu l'humeur guerrière.

MARIE, *riant.*

Je parie qu'en ce moment elle travaille pour ajouter au chapitre des conquêtes.

RENÉE, *soupirant.*

Dans notre exil nous ne voyions que des militaires, et... (*Elle s'arrête avec embarras*).

MARIE, *la regardant et souriant.*

Et je crois que si vous n'aimez pas la guerre, il n'en est pas de même des guerriers, ma belle cousine.

RENÉE.

Celui-là est si spirituel! sa conversation était

si douce et si gaie malgré ses souffrances!.. car il était blessé, et mes soins...

MARIE, *riant.*

Soigner les blessés c'est adoucir les maux de la guerre.

RENÉE. *souriant.*

Et... les aimer?

MARIE, *riant.*

C'est... les réparer tout à fait.

RENÉE.

Vous riez?... Est-ce de la guerre, ou de l'amour?

MARIE.

Ils sont aussi dangereux l'un que l'autre pour notre repos, et je me mets à l'abri de tous deux.

RENÉE, *souriant.*

Est-ce bien sûr?

MARIE.

Je l'espère... grâce aux distractions, aux amusements, à la raison et aussi à la folie.

RENÉE.

S'il faut tant de choses pour se défendre, je ne m'étonne pas...

MARIE, *souriant.*

De n'avoir pu résister?

RENÉE.

Vous faites la brave, et peut-être si vous disiez tout...

MARIE.

Il n'y a rien que vous ne sachiez. Veuve sans avoir été mariée, si ce n'est un jour, à onze ans, devant un prêtre, un notaire, et ma famille, qui me ramena au couvent une heure après, je ne revis jamais le comte de Clérambeau qui mourut loin de moi. Depuis trois ans je vis à la cour sans qu'une seule de mes actions ait pu prêter à la médisance... Il est vrai que cela n'empêche pas que je ne sois victime de la calomnie.

RENÉE.

Est-ce possible?

MARIE.

Un homme que je ne connais pas, car il a quitté Paris et la cour depuis cinq ans, le comte Bussy de Rabutin ne m'a pas épargné dans un ouvrage contre les femmes qui se colporte en manuscrit, sous ce titre: *Les Amours des Gaules.*

RENÉE.

Oh! un écrit affreux! que la duchesse m'a défendu de lire, mais qui ne la quitte jamais.

MARIE.

Les femmes sont bien en colère contre lui, et le détestent à présent autant qu'elles l'ont aimé jadis... car les femmes d'autrefois ont mérité ses épigrammes, dit-on.

RENÉE.

Mais celles de nos jours?... oh! c'est bien différent.

MARIE.

Quelle a donc été ma surprise, quand hier, à un bal masqué, un inconnu cita mon nom parmi ceux des femmes que ce manuscrit compromet! ah, ma chère Renée, pourquoi à la place de ce luxe et de ces plaisirs qu'on m'envie, n'ai-je pas une retraite écartée et une noble affection? cela conviendrait bien mieux à mon cœur.

RENÉE.

Chère amie!

MARIE.

Air : *la feuille et le serment.*

Oui, j'ai juré d'être insensible,
D'être insensible,
Au milieu d'un monde brillant,
Jamais d'amant!
Mais cela sera-t-il possible?
Mais cela sera-t-il possible?
Un seul moment,
Un seul moment
Peut emporter mes vœux et mon serment,
Et mon serment!
Peut emporter mes vœux et mon serment.

MARIE.

Mais je brûle de savoir quel est celui qui s'est rendu maître de votre cœur?

RENÉE.

A peine si je le sais moi-même.

MARIE.

Que dites-vous?

RENÉE.

La guerre de Flandres finissait, les officiers rentraient à Paris pour leurs quartiers d'hiver, et passaient près de la terre où la duchesse était exilée; nous les vîmes tous. Un soir, il en arriva un qui causa seul longtemps avec la duchesse, et le lendemain elle m'apprit qu'il s'était battu en duel, et que craignant d'être arrêté, il ne se montrerait qu'à elle et à moi. Nous ne vîmes plus que lui alors; mais peut-on regretter quelqu'un avec le chevalier Roger?

MARIE.

Roger?... Un jeune homme de ce nom était ici tout-à-l'heure, mais ce n'est qu'un simple garde sans fortune et sans famille.

RENÉE, *avec embarras.*

Ah! le secret qu'il me demandait sur l'aveu de son amour, sa crainte que la duchesse ne le devinât, me firent penser qu'en effet sa naissance ne lui permettait pas d'aspirer à ma main... mais qu'importe? quel que soit son sort, le mien est de l'aimer! Dans le rang le plus bas, dans la position la plus pauvre, je me croirais heureuse de lui appartenir, et je ne serai jamais qu'à lui.

MARIE.

Un tel amour est effrayant, Renée!

RENÉE.

Que voulez-vous?

Air : *de la feuille et le serment.*

On jure en vain d'être insensible,
D'être insensible,
De n'écouter aucun amant,
Aucun amant;

Cette promesse est bien terrible,
Cette promesse est bien terrible:
Un seul moment,
Un seul moment
Vient emporter les vœux et le serment!
Et le serment!
Vient emporter les vœux et le serment.

UN DOMESTIQUE, *annonçant.*

M. le chevalier Roger.

MARIE, *faisant un mouvement.*

Ah!

RENÉE, *id.*

Ah!

MARIE, *riant.*

Est-ce un rendez-vous?

SCÈNE VI.

RENÉE, MARIE, ROGER.

RENÉE, *en le voyant.*

Ciel!...

ROGER, *gaiement.*

Envoyé en ambassadeur j'apporte à notre reine, non pas les dépouilles des vaincus mais les vaincus eux-mêmes, afin qu'ils assouvissent ce soir l'appétit des vainqueurs.

RENÉE, *bas à Marie.*

Ce n'est pas lui.

MARIE, *bas à Renée.*

Je l'avais deviné (*Haut*). Merci, chevalier! toujours insouciant, et ne pensant qu'à la joie?

RENÉE, *très troublée.*

Monsieur se nomme?

ROGER.

Le chevalier Roger, pour servir les dames. comme le roi.

MARIE.

Un frère de votre nom ne servirait-il pas aussi dans l'armée de Flandres?

ROGER.

Moi, un frère?.. ah bien oui! c'est moi qui arrive de l'armée; et, je suis seul de ma race, aussi, je me multiplie, et après avoir ardemment couru la chasse, je viens apporter les fruits de la victoire, et avant d'en venir prendre ma part, j'aurai encore attrapé une heure de plaisir dans un bal masqué où doivent se trouver tous les officiers qui viennent de faire avec moi la campagne de Flandres.

MARIE.

Et pourrait-on savoir sous quel déguisement?

ROGER.

Aucun! les hommes ne se déguisent que pour suivre quelque intrigue commencée, mais à peine arrivés nous n'en avons pas encore, (*riant*), et puisque nous allons au bal pour faire des conquêtes ce ne peut être qu'à visage découvert.

MARIE, *souriant.*

Allez donc, monsieur le chevalier, et souvenez-vous qu'à minuit le souper vous attend

ROGER.

Et le souper, les dames et le roi n'ont jamais attendu ni le bras, ni le cœur, ni l'appétit du chevalier Roger.

Air: valse de Giselle.

Auprès de vous on oublierait sans peine
Que des plaisirs nous sont promis là bas!
Mais puisqu'ici chaque heure les ramène
Prenons les tous et n'en négligeons pas.

ENSEMBLE.

Auprès de vous etc.

MARIE.

Auprès de nous vous oublirïez sans peine
Que des plaisirs vous sont promis là bas;
Mais puisqu'ici chaque heure les ramène,
Prenez les tous, et n'en négligez pas.

SCÈNE VII.

RENÉE, MARIE.

RENÉE, *désolée.*

Je suis perdue! on m'a trompée! Un faux nom m'ôte toute espérance: je ne le retrouverai jamais! (*Voyant Marie qui va ouvrir un coffret placé sur un petit meuble*). Qu'avez-vous?

MARIE.

Je veux vous le faire retrouver avant dix minutes.

RENÉE.

Et pour cela?

MARIE.

Je cherche des masques: que voulez-vous? Il faut se déguiser pour surprendre les trompeurs.

RENÉE.

Je devine... mais je tremble.

MARIE.

J'ai peur aussi, mais c'est que vous ne soyez victime de quelque trahison.

RENÉE.

Ah, j'en mourrais.

MARIE.

Il y a peut-être quelque chose de mieux à faire que cela!.. c'est d'abord de connaitre celui qui, sous un faux nom... Ciel! la duchesse.

SCÈNE VIII.

RENÉE, MARIE, LA DUCHESSE.

RENÉE, *bas à Marie avec chagrin.*

Nous ne pouvons sortir.

LA DUCHESSE, (*elle a ajouté à sa toilette des fleurs ou des bijoux*).

Déjà vos invitées, chère belle!... Trois carrosses à la file.

MARIE.

Comment? (*Elle sonne; un domestique paraît.*)

Qui vient d'arriver?

LE DOMESTIQUE.

Madame la comtesse de Sabran.

LA DUCHESSE, *à Marie.*

Une prude!

LE DOMESTIQUE.

Madame la duchesse d'Olonne.

LA DUCHESSE, *de même.*

Tout le contraire.

LE DOMESTIQUE.

Madame de Bagneux

LA DUCHESSE, *contrariée.*

Rien que des femmes!

MARIE, *bas à Renée.*

Toujours l'esclavage du monde!... Restons.

LE DOMESTIQUE.

Ces dames, arrivées séparément, causent ensemble dans le vestibule.

LA DUCHESSE, *à Marie.*

Allez vite les retrouver! Il n'est pas prudent de laisser causer nos amies sans nous.

RENÉE.

Je vous accompagne.

(Air : Vite il faut partir. *Follette.*)

Il faut se hâter
Pour éviter
Leurs epigrammes!
Chaque instant qui fuit
Leur permettrait d'exercer leur esprit;
Mais pour
Couper court,
Allons } au devant de ces dames,
Allez }
Car déjà Dieu sait
Ce que là bas en cachette on disait.

SCÈNE IX.

LA DUCHESSE, *puis* COLETTE et LE COMTE de BUSSY RABUTIN.

LA DUCHESSE, *seule un moment.*

A quoi vais-je m'occuper ici?... ah, du bruit à cette porte! (*Elle indique la porte du dernier plan à droite de l'acteur.*) Oui, je me souviens qu'un escalier dérobé. ...

COLETTE, *qu'on ne voit pas encore.*

Madame la comtesse, il ne veut pas me quitter. (*Elle paraît.*) On m'a suivie jusqu'ici (*Elle est en domino mais sans masque*).

BUSSY, *sans déguisement, mais masqué.*

Une jolie femme, on la suivrait jusqu'en enfer (*Il regarde le salon.*) Et ceci ressemble au paradis.

LA DUCHESSE, *qui s'est placée un peu à l'écart.*

(*à part.*) C'est Colette. (1)

COLETTE, *voyant la duchesse.*

Ciel!... Ce n'est pas madame.

BUSSY, *se retournant.*

La duchesse de Chevreuse!

LA DUCHESSE.

Ah!

BUSSY, *se démasquant.*

A qui j'offre mes respects.

LA DUCHESSE, *à Colette.*

Laissez-nous.

* Colette, Bussy, la Duchesse.

COLETTE, *à elle-même.*

C'est singulier!..... Allons avertir madame. (*Elle sort.*)

LA DUCHESSE. (1)

Monsieur le comte de Bussy Rabutin!

BUSSY, *très moqueur.*

Lui-même!.... que le hasard amène.

LA DUCHESSE, *très grave.*

Il n'y a pas de hasard, comte.

BUSSY, *de même.*

Ma bonne étoile.

LA DUCHESSE, *de même.*

Les étoiles ne mènent pas dans les escaliers dérobés.

BUSSY, *de même.*

Alors..... c'est donc..... mon amour pour vous.

LA DUCHESSE, *de même.*

Vous me croyiez à cinquante lieues d'ici.

BUSSY, *toujours très moqueur et très gai.*

Puisque vous n'acceptez pas mes raisons, voulez-vous me dire les vôtres pour m'avoir fait conduire ainsi mystérieusement chez vous?

LA DUCHESSE, *avec une pruderie affectée.*

Chez moi!... faire conduire un homme chez moi!... oh!... vous n'êtes pas chez moi, monsieur le comte.

BUSSY.

Alors.... (*Il lui offre un siège et s'assied lui-même*) comme je n'ai jamais su deviner les énigmes, j'attendrai qu'on m'explique celle-ci.

LA DUCHESSE, *restant debout.*

Vous êtes chez la comtesse Marie de Clérambeau qui vous hait sans vous connaître.

BUSSY, *très gai et se levant.*

Elle me hait?.... quel bonheur!.... une si jolie femme!... à ce qu'on dit.

LA DUCHESSE, *étonnée.*

Comment?

BUSSY.

La haine est un sentiment déraisonnable qui ne peut être remplacé que par un autre du même genre.

LA DUCHESSE.

Alors, toutes les femmes qui sont ici vont vous adorer!... Mesdames d'Olonne, de Sabran, de Bagneux,...

BUSSY.

Ah, ah!....

LA DUCHESSE.

Sur qui vous avez écrit mille folies!... car il n'y a que moi dont vous n'ayez point parlé en mal.

BUSSY.

Je ne fais que des romans.

LA DUCHESSE, *fâchée.*

Qu'est-ce à dire?

BUSSY, *riant.*

Qu'avec-vous la vérité serait toute louangeuse, et que j'aime mieux l'épigramme.

* Bussy, la Duchesse.

LA DUCHESSE, *riant.*

L'épigramme?.... oh ! ne vous gênez point ! je n'ai pas tellement perdu l'habitude de guerroyer que je ne puisse aussi vous faire sentir la pointe.

BUSSY, *saluant.*

Je vous rends les armes.

LA DUCHESSE.

Eh bien, en échange, je vous donne un conseil : vous avez suivi Colette... cette jeune fille, c'est la femme de chambre de Marie... vous êtes entré ici dans une maison où il y a une demi-douzaine de femmes qui vous détestent, et que votre manière d'arriver rendra plus sévères encore à votre égard.... Il faut partir.

BUSSY.

Il faut rester.

LA DUCHESSE.

Pourquoi faire?

BUSSY.

Pour m'amuser ! vous êtes, dites-vous, six jolies femmes, spirituelles et en colère? quelle chance ! c'est trop de bonheur à la fois !

LA DUCHESSE.

Mais c'est la guerre.

BUSSY.

Est-ce que la vie des gens d'esprit n'est pas un perpétuel combat contre les évènements, contre les hommes?... On n'a pour se dédommager un peu que la guerre avec les femmes.

LA DUCHESSE.

Soit!... mais toutes celles qui se trouvent ici sont d'une vertu, d'une sévérité !... à ce qu'elles disent.

BUSSY.

Tant mieux !... si c'est vrai, elles ne risquent rien ! si ce n'est pas vrai, moi je n'ai rien à craindre.

LA DUCHESSE.

Comment l'entendez-vous?

BUSSY.

Ecoutez-moi : n'auriez-vous point, par hasard, dans vos amis, un homme vertueux dont vous me prêteriez le nom pendant vingt-quatre heures? Alors j'inspirerais de la confiance, et bien reçu je chercherais à adoucir un peu mes belles ennemies.

LA DUCHESSE.

Vous ne trouverez qu'une inflexible rigueur ; (*souriant*), à ce qu'elles disent.

BUSSY, *riant.*

Alors je pars pour aller mettre à mon livre... un errata.

LA DUCHESSE, *riant.*

Ah ! ah ! ah !...

BUSSY.

Qu'avez-vous à rire?

LA DUCHESSE.

C'est que si nos dragons de vertu allaient s'y laisser prendre?... s'il en était quelqu'une qui se mît à vous aimer? (*elle rit.*)

BUSSY.

Essayez !

LA DUCHESSE, *vivement.*

Je ne compte pas, je vous connais ! (*riant.*) Mais si une de ces dames... cela m'amuserait.

BUSSY.

Alors je me nomme, et l'on me pardonne d'avoir écrit... que les femmes peuvent aimer.

LA DUCHESSE, *riant.*

Ce n'est pas sûr. (*Elle va écouter près de la porte*).

BUSSY.

Qu'y a-t-il?

LA DUCHESSE.

On vient ici... ce sont ces dames. (*Elle revient vivement près de Bussy.*)

BUSSY.

Un nom ! vite, un nom sous lequel je puisse être présenté.

LA DUCHESSE, *cherchant.*

Si celui de... mon neveu Philippe de Théligny...

BUSSY, *faisant un mouvement.*

Ce nom me portera malheur.

LA DUCHESSE.

Allons donc!... Philippe, quoique officier, est doux comme une demoiselle. Il voulait même entrer dans l'abbaye de Châlis où son jeune frère doit faire des vœux... mais c'est notre seul héritier, et notre famille désire le marier avec Marie.

BUSSY.

Les voici!... je suis Philippe de Théligny pour elles.

LA DUCHESSE.

Pendant vingt-quatre heures!... je ne vous garde pas le secret plus longtemps!... Je vous donne vingt-quatre heures pour plaire.

BUSSY, *riant.*

Vingt-quatre heures!... c'est de la générosité.

SCÈNE X.

MADAME DE SABRAN, MADAME DE BAGNEUX, LA DUCHESSE D'OLONNE, RENÉE, MARIE, LA DUCHESSE DE CHEVREUSE, BUSSY.

ENSEMBLE.

LES CINQ FEMMES, *qui entrent.*

Air : de la Sirène.

Dans cet heureux jour,
Ce brillant séjour
Par mille plaisirs
Charme nos loisirs.

ATHENAÏS.

Dans cet heureux jour,
Puisse ce séjour
Par mille plaisirs
Charmer vos loisirs !

RENÉE, *à part en voyant Bussy.*

C'est lui !

LA DUCHESSE.

Permettez-moi de vous présenter mon neveu, le comte Philippe de Théligny.

RENÉE.

Lui!

MARIE, *bas à Renée.*

Celui qu'on veut me faire épouser.

LA DUCHESSE D'OLONNE, *bas à madame de Bagneux.*

Un futur!

MADAME DE BAGNEUX, *à madame de Sabran.*

Un prétendu! (*moment de silence.*)

LA DUCHESSE.

Qu'y a-t-il? (*Bussy salue toutes les dames qui lui répondent avec froideur et d'un air réservé.*)

BUSSY, *bas à la duchesse de Chevreuse.*

Vous m'avez joué un mauvais tour.

LA DUCHESSE.

Comment?

BUSSY, *de même.*

Me donner le nom d'un prétendant, c'est ruiner toutes mes prétentions.

MARIE, *se remettant.*

Pardon, monsieur le comte!... nous avons été surprises... nous nous attendions si peu à votre visite!...

BUSSY, *bas à la duchesse.*

Si je ne me défais de ma qualité de futur, je suis perdu! (*haut à Marie.*)

Air : De Préville et Raconnet.

De mon bonheur qu'elle avait résolu,
Ma famille s'est occupée ;
Oubliez-le, puisqu'il vous a déplu !
Qu'importe de mon cœur l'espérance trompée?
Oui, d'un projet, qui m'avait enchanté,
Que désormais moi seul je me souvienne!
Je vous rends votre liberté,
Quand près de vous je viens risquer la mienne.

RENÉE, *à part.*

Elle lui plaît déjà!

LA DUCHESSE, *bas, à Bussy.*

Prenez garde! (*Haut, en s'adressant aux dames.*) Mon neveu est sage et raisonnable; puis c'est l'unique héritier de notre famille, et le plus riche parti de la province.

LA DUCHESSE D'OLONNE.

Grâce à ce que son frère Armand doit s'engager par des vœux éternels.

MARIE.

Et ce pauvre jeune homme séparé de sa famille et du monde, ne doit jamais connaître aucun des plaisirs dont un autre a plus qu'il ne désire peut-être? (*Mouvement des autres.*)

LA DUCHESSE, *étonnée.*

Quelle idée!

BUSSY, *étonné.*

Vous le plaignez?

LA DUCHESSE D'OLONNE, *bas, à madame de Bagneux.*

Le marquis de Théligny, son père, ne pouvait le souffrir.

MADAME DE BAGNEUX, *bas.*

Oui, des soupçons!...

MARIE.

Pauvre jeune homme!

LA DUCHESSE.

Vous m'étonnez, Marie! Est-ce que cela ne se fait pas tous les jours? les cadets se sacrifient, c'est l'usage! Il faut bien que nos familles restent riches, qu'elles gardent leur rang avant tout!.. (*Prenant un air de componction.*) D'ailleurs, la vie du cloître a ses charmes, et bienheureux sont ceux qui n'ont connu ni les plaisirs, ni les dangers du monde.

SCÈNE XI.

LES MÊMES, ROGER, *accourant.*

ROGER.

Pardon, madame! pourrait-on déposer ici un blessé?

TOUS.

Un blessé!

MARIE.

Vite, des secours! Toujours des accidents aux chasses!

BUSSY.

Parce qu'il y a toujours des maladroits.

ROGER.

Pas du tout! c'est un inconnu que nous venons de trouver mourant sous les fenêtres de madame.

BUSSY, *à Marie.*

Encore une victime de vos rigueurs!

MARIE.

Les cris entendus par Colette... (*A Roger.*) Allez, monsieur, amenez-le, et cherchez un médecin. (*Roger sort.*) Un voyageur, sans doute, attaqué dans la forêt par des malfaiteurs?... Mais je ne veux pas, mesdames, vous avoir conviées à un aussi triste spectacle : passez dans la salle du concert; la musique commence à vous y appeler. (*Tremolo très faible qui continue pendant la scène suivante.*) Monsieur de Théligny vous y accompagnera; moi, je reste pour donner les ordres nécessaires.

LA DUCHESSE.

Et moi je tâcherai de vous remplacer, si vous me promettez de ne pas vous faire trop attendre, sans cela, je reviens vous chercher.

ENSEMBLE.

LES DAMES.

Air : Ah! devant sa colère, (*Nelly.*)

Quel est donc ce mystère?
Mais parlons, il le faut!
Car on va, je l'espère,
Nous l'apprendre bientôt.

(*Au moment où elles disparaissent par une porte latérale, Armand, pâle et sans force, entre par une des portes du fond, soutenu par deux valets et accompagné par Roger; on le place sur un fauteuil à droite de l'acteur; il ne voit pas Marie.*)

ROGER, *à Marie.*

Je cours à la recherche d'un médecin (*Marie lui fait un signe affirmatif; il sort, ainsi que les domestiques.*)

SCÈNE XII.

ARMAND, MARIE.

ARMAND.

Laissez!... la colère du ciel me poursuit, je dois mourir.

MARIE, *à elle-même, de loin.*

Il souffre!

ARMAND, *les yeux fermés et la tête appuyée sur le dossier du fauteuil.*

Hélas!

MARIE, *bas et de loin.*

Quelle pâleur! On dirait même qu'il souffre depuis longtemps!... (*Elle s'approche un peu.*) Sa figure est distinguée... Je devrais... je n'ose...

Air : Une mère.

Sa souffrance
Semble implorer un appui :
Je balance,
Et n'ose approcher de lui!
Messagères d'espérance,
Au malheur comme au danger
Nous devons notre assistance,
Dieu nous dit de soulager
La souffrance!

ARMAND, *r'ouvrant les yeux et l'apercevant.*

Oh! merci, mon Dieu, merci! Vous pardonnez, puisque vous envoyez le plus beau de vos anges pour veiller sur moi.

MARIE, *avec bonheur.*

Il semble moins souffrir.

ARMAND.

Souffrir?.. oh non!.. je suis heureux!.. (*Il la contemple.*) Laissez-moi vous regarder, vous admirer!.. Une femme!.. quel charme inconnu!.. Où suis je?.. le ciel s'est-il ouvert pour moi?

MARIE.

Comment, dans cette forêt, sans connaissance?.. Vous avez donc été attaqué?

ARMAND, *cherchant et troublé.*

Ah! je me souviens!.. (*Il fait un mouvement d'effroi.*) Oui, j'étais seul, à pied, épuisé de fatigue et d'émotions...

MARIE.

Et resté là longtemps, sans secours?..

ARMAND, *se levant.*

Qui m'aurait dit, quand je fermai les yeux, croyant ne plus revoir la lumière du jour, que je les r'ouvrirais pour contempler tant de beauté?

MARIE, *faisant un mouvement pour s'éloigner.*

Ce langage...

ARMAND, *très troublé.*

Vous ne savez pas que, moi, j'ignore tout!.. que je ne connais rien du monde?.. Il me semble que je commence seulement à vivre depuis que je vous vois!.. oh, vous êtes plus belle encore que la belle sainte notre patrone, dont je contemplais sans cesse le portrait!.. Pourtant il n'avait pas ce charme qui m'attire auprès de vous.

MARIE, *à part, reculant.*

Et j'écoute malgré moi cet inconnu!... ah! éloignons-nous!.. ses paroles...

ARMAND.

Au nom du ciel, dont la pitié pour moi vous envoie, restez!

MARIE.

Que voulez-vous?

ARMAND.

Me confier à votre bonté!.. Les anges protègent les malheureux... Et j'ai eu tant de malheurs depuis mon enfance!

MARIE.

Vous!

SCÈNE XIII.*

LES MÊMES, LA DUCHESSE DE CHEVREUSE.

(*La duchesse paraît à la porte latérale, s'arrête à la voix d'Armand, et ne se montre pas.*)

ARMAND.

Protégez-moi donc, et sauvez-moi!

LA DUCHESSE, *à part.*

Cette voix...

ARMAND.

Car je n'ai personne sur la terre qui s'intéresse à mon sort.

LA DUCHESSE, *à part.*

C'est lui!

MARIE.

Qui donc êtes-vous?

ARMAND, *hésitant.*

Ah, mon nom va tout vous apprendre.

MARIE.

Parlez!

LA DUCHESSE, *vivement en se montrant.*

Ne parlez pas!

ARMAND.

Ciel?

LA DUCHESSE.

Ah! ne confiez à personne ce triste secret!

MARIE.

Qu'est-ce donc?

LA DUCHESSE.

Veuillez nous laisser, madame, on vous attend, je venais vous le dire... et maintenant il faut que je parle... à ce jeune homme.

MARIE.

Vous le connaissez?

LA DUCHESSE.

Si je le connais!... (*Affectant un ton plaisant.*) Mais je connais tout le monde, moi!

MARIE.

Il y a, cette fois, sur votre figure une expression qui m'effraie.

* Armand, la Duchesse et Marie.

LA DUCHESSE.

Ne craignez rien!... et allez retrouver ces dames qui s'offenseraient peut-être d'un trop long retard.

ENSEMBLE.

Air : C'est Fernand qu'on préfère.

LA DUCHESSE.

Rassurez-vous de grâce,
Et cédez-moi la place,
Songez que le temps passe,
Parlez !
(*à Armand.*) Et vous restez.

MARIE, *seule à part.*

Quel est cet étrange mystère
Qu'on ne veut pas me révéler ?
Pourquoi le contraindre à se taire,
Quand il allait parler ?

ENSEMBLE.

LA DUCHESSE.

Rassurez-vous, de grace, etc.

MARIE.

Un secret l'embarrasse,
Qu'est-ce donc qui se passe ?
Il faut céder la place,
Attendons
Et partons.

SCENE XIV.

ARMAND, LA DUCHESSE.

LA DUCHESSE, *sévère.*

Est-ce possible?.. Armand de Théligny ?

ARMAND, *craintif.*

Le fils de votre sœur.

LA DUCHESSE.

Qui se révolte contre les projets de sa famille en sortant du cloître qui doit à jamais le renfermer !

ARMAND, *avec émotion.*

Oui, c'est moi qui n'ai pu supporter plus longtemps une existence affreuse, et qui, après des années de regrets et de larmes, me suis échappé de ma prison pour devenir demander l'air, l'espace et la liberté.

LA DUCHESSE.

Comment êtes-vous ici ?

ARMAND.

Ah! ce n'est pas sans avoir combattu, sans avoir essayé toutes mes forces contre moi-même, sans avoir cherché à éteindre dans les austérités et à amortir dans le travail ce sang d'une noble race qui bouillonnait dans mon cœur !

LA DUCHESSE, *avec douleur.*

Qu'avez-vous fait ?

ARMAND.

Après des souffrances infinies qui commençaient à troubler mon intelligence et à détruire sourdement ma vie, une lumiere soudaine vint me raminer. Un jour on arriva pour chercher un jeune homme destiné comme moi au cloître. A partir de ce moment, une seule pensé incessante, me poursuivit : la liberté est encore possible !

LA DUCHESSE.

Non, elle ne l'est plus pour vous, Armand.

ARMAND.

C'est ce qu'on me dit alors dans ce tombeau où j'étais enfermé vivant!., mais la nuit, le jour, éveillé, ou pendant mon sommeil, les moyens d'échapper à la surveillance se présentaient sans cesse!... J'ai voulu les repousser; j'ai invoqué le ciel, et il n'a point chassé cette image de bonheur qui m'enivrait!.. J'ai cru alors qu'il pardonnait à mes espérances, à mes projets, et... une nuit obéissant à mon délire, je franchis ces murs fermés sur moi depuis l'enfance, et qui ne devaient jamais se r'ouvrir.

LA DUCHESSE.

Mais c'était de la folie!

ARMAND, *plus gai.*

Depuis quatre jours seulement je suis libre!.. Un peu d'or remis en cachette par un vieux frère mourant m'a servi à me procurer ces vêtements; puis je suis resté dans les campagnes, sur les routes, dans les bois! heureux de me sentir vivre, de marcher au hasard, de plonger mes regards dans l'espace, et de partager avec les plus pauvres ces biens que Dieu créa pour tous !

LA DUCHESSE, *à part.*

Je ne puis l'entendre sans émotion.

ARMAND.

Je ne m'aperçus pas que la fièvre et la fatigue avait épuisé mes forces, et près d'ici elles m'abandonnèrent tout à fait! Enfin, recueilli dans ce séjour, j'ai le bonheur d'y trouver la personne qui peut le mieux me protéger... vous la sœur de ma mère!..

LA DUCHESSE, *attendrie.*

Je ne puis rien.

ARMAND.

Ah! je sais que la beauté et la bonté peuvent tout.

LA DUCHESSE.

Mais votre coupable fuite...

ARMAND.

Coupable!... ah, c'est que vous ne pouvez pas comprendre ce que c'est que n'avoir ni distractions, ni plaisirs!.. De n'être pas même libre de penser!

LA DUCHESSE, *se laissant entrainer.*

Oh si, je le comprends!

ARMAND.

La vie ainsi vous paraîtrait...

LA DUCHESSE, *vivement.*

Affreuse... (*se reprenant*). Mais j'aurais tort.

ARMAND.

N'avoir aucun rapport avec le monde.

LA DUCHESSE, *soupirant.*

Ah !..

ARMAND.

Aucune affection.

LA DUCHESSE.

Hélas !

ARMAND.

N'avoir jamais parlé à une femme ! N'en avoir pas même entrevu !

LA DUCHESSE.

Le pauvre jeune homme !

ARMAND.

Ne pas savoir ce que c'est que l'amour... Et le deviner pourtant !

LA DUCHESSE, *très vivement.*

Il est impossible de ne pas s'intéresser à lui !

ARMAND.

Je suis sauvé !

LA DUCHESSE, *troublée.*

Mais non ! car je ne sais que faire... et je vois avec terreur un scandaleux éclat, si vous ne rentrez à l'instant dans votre retraite.

ARMAND.

Ah, par pitié, laissez-moi le temps d'examiner, de voir, de connaître et de me décider à quelque chose !... Le secret au moins... un jour !... Donnez-moi un jour !...

LA DUCHESSE.

Quelqu'un vient... veillez bien sur nous !... que rien ne laisse soupçonner qui vous êtes pendant ce jour... qu'il faut bien vous accorder !... oui, à vous aussi je donne vingt-quatre heures.

SCÈNE XV.

ARMAND, LA DUCHESSE, BUSSY.

BUSSY, *accourant par le fond.*

Ah ! quel bonheur ! c'est vous, madame !... et je vous trouve seule avec votre neveu !

ARMAND, *étonné.*

Quoi !

LA DUCHESSE, *étonnée.*

Mon neveu !

BUSSY, *très vite.*

Vous êtes étonnée que je sache ?... mais ce cachet aux armes de Théligny, puis cette lettre... (*Il montre une lettre dont il lit l'adresse.*) A monsieur le comte Philippe de Théligny.

ARMAND, *à part.*

Ma lettre à mon frère !

LA DUCHESSE. *

Philippe ?... (*bas à Armand.*) Passez pour lui.

BUSSY.

Trouvée à la place où vous êtes tombé, et heureusement apportée à moi seul.

ARMAND, *prenant la lettre et le cachet.*

En effet, monsieur, tout cela m'appartiens.

BUSSY.

Ne le dites pas ici, monsieur, je vous en prie.

* La Duchesse, Armand, Bussy.

ARMAND.

Comment ?

LA DUCHESSE, *se souvenant.*

Ah, mon Dieu ! (*elle se met à rire.*) Le nom de Philippe de Théligny est bien employé aujourd'hui ! Je conseille à celui qui y a droit d'y renoncer volontairement.

ARMAND, *avec inquiétude.*

Mais...

BUSSY, *gaîment et vite.*

Ecoutez, monsieur, car il n'y a pas un moment à perdre, ces messieurs reviennent de la chasse, et ces dames sont sur mes pas... Vous pardonnerez... c'est madame la duchesse, puis un embarras où je me suis trouvé qui m'ont décidé à emprunter pour un jour le noble nom que vous portez. Madame votre tante elle-même m'a présenté ici sous le nom de Philippe de Théligny... On vient... laissez-le moi, monsieur ! Je vous promets d'en faire le meilleur usage possible.

ARMAND, *bas à la duchesse.*

Que faire ?

SCÈNE XVI.

BUSSY, ARMAND, LA DUCHESSE DE CHEVREUSE, MARIE, RENÉE, MADAME D'OLONNE, MADAME DE SABRAN, MADAME DE BAGNEUX, CHASSEURS.

(*Les dames entrent par les portes latérales, Marie à leur tête, les chasseurs viennent du fond.*)

CHŒUR DE CHASSEURS.

Air : De Doch (*final du deuxième acte de M. Rolland*).

Dans ce château le souper nous rappelle,
De nos succès ce moment est le prix :
Que le plaisir au rendez-vous fidèle
De ce séjour écarte les soucis.

MARIE, *voyant Armand qui tient la main de la duchesse.*

Ah !... la duchesse... son protégé !...

ARMAND, *placé entre la duchesse et Bussy.*

(*Bas avec inquiétude.*) Que dire à tout ce monde ?

BUSSY, *bas.*

Pas d'inquiétude ! je m'en charge. (*haut.*) M'est-il permis de présenter à madame la comtesse et à ces dames un ami qui vient de me rendre un service ? (*mouvement d'assentiment général.*) Monsieur le comte Roger de Bussy Rabutin, (*mouvement général.*)

TOUTES LES DAMES.

Lui !

ARMAND, *étonné, et bas à Bussy.*

Ce nom ?...

BUSSY, *bas à Armand.*

Le mien !... On ne peut donner que ce qu'on a (*Armand lui prend la main avec effusion, les dames troublées causent bas entre elles.*)

ARMAND, *à Bussy.*

Merci, monsieur, merci!

BUSSY, *riant.*

Il n'y a pas de quoi.

LA DUCHESSE, *à part, riant.*

Armand ne sait pas ce qu'on lui donne.

MARIE, *regardant Armand avec regret.*

Lui!... le comte de Bussy!

CHŒUR.

Même air.

CHASSEURS.

Dans ce château le souper nous rappelle

LES DAMES.

Allons, messieurs, le souper nous appelle,
De vos succès ce moment est le prix;
Que le plaisir, au rendez-vous fidèle,
De ce séjour écarte les soucis.

FIN DU PREMIER ACTE.

ACTE II.

Même décoration qu'au premier acte.

SCÈNE PREMIÈRE.

ARMAND *entre du fond, dont les portes restent ouvertes. Il fait un peu obscur. Le jour vient peu à peu pendant la scène. Au lever du rideau, la musique de l'ouverture continue encore, en s'affaiblissant, pendant qu'Armand, rêveur, s'avance jusque sur le devant de la scène.*

Le jour commence à paraître!.. Moi, je ne me suis pas couché. Aurais-je pu dormir un instant!.. Ce souper, ce vin, ces joyeux propos!.. (*Il regarde autour de lui, comme s'il avait peur d'être entendu.*) Et ces femmes, si jolies!.. Une surtout!.. Ah!.. que d'idées et d'émotions viennent m'assaillir!.. Je regarde, j'écoute avidement, je voudrais tout connaître, tout savoir à la fois... Je ne comprends pas toutes les paroles des hommes... mais j'entends, je crois, tous les regards des femmes!.. (*Il fait un mouvement.*) Si c'était là cet arbre de science que nos pères redoutaient, et dont ils m'effrayaient... (*Il sourit.*) Oh!.. non... non... c'est la vie... je l'entrevois... Marie!.. que c'est doux un nom de femme!.. Et son regard, et sa voix!.. Mais j'aurais voulu éloigner ces hommes qui l'entouraient... ils me faisaient mal... Il y en avait un... celui qui m'a prêté son nom... il m'irritait... Ah!... ces souvenirs... mes craintes... cette nuit d'insomnie, tout cela m'étourdit... m'enivre!.. Pourvu que j'aie assez de raison pour ne pas me trahir... pendant ces vingt-quatre heures!.. (*Il s'est assis sur le sopha.*)

SCÈNE II.

BUSSY, ARMAND.

BUSSY, *toujours très gaîment.*

Vingt-quatre heures!.

ARMAND *se retourne, étonné, et se lève.*

Ah!.. lui!..

BUSSY.

Je ne me trompe pas... c'est vous, monsieur, dont j'ai emprunté le nom de Théligny... (*souriant*) un peu malgré moi!..

ARMAND.

Comment?..

BUSSY, *se reprenant et riant.*

Nom que vous entourez d'une auréole de vertu... et dont je dois vous remercier...

ARMAND, *souriant.*

Mais, en échange, ne m'avez vous pas prêté votre noble nom .. comte de Bussy!..

BUSSY, *riant.*

Je dois avouer que ce n'est pas par la vertu qu'il brille... Ne parlons même pas de ce chapitre... Mais, quand je suis arrivé là, vous disiez vingt-quatre heures, n'est-ce pas, monsieur?..

ARMAND, *inquiet.*

Vous m'écoutiez?...

BUSSY.

Non. Mais j'ai entendu ces mots qui ont excité ma curiosité, car ce terme me fut donné...

ARMAND.

A vous aussi?..

BUSSY.

Et il est un peu court...

ARMAND.

A qui le dites-vous?..

BUSSY.

Cependant, c'est suivant ce qu'on veut en faire?

ARMAND, *souriant.*

Oh!.. je ne crains pas de vous le dire... On m'a enjoint, et moi j'ai promis, de ne pas faire la moindre faute pendant vingt-quatre heures...

BUSSY.

Et moi, on m'a ordonné, et j'ai juré de ne pas laisser passer vingt-quatre heures sans faire au moins une faute... (*Ils rient tous deux*.)

ARMAND.

Ah!... c'est une plaisanterie!..

BUSSY.

Et à qui avez-vous fait cette promesse?..

ARMAND, *riant*.

A qui j'ai promis d'être sage?.. à la duchesse de Chevreuse!..

BUSSY.

Et c'est à la duchesse de Chevreuse que j'ai promis de ne pas l'être!..

ARMAND.

C'est singulier!..

BUSSY, *riant*.

Mon nom vous portera malheur. Vous ne pourrez pas tenir votre promesse!..

ARMAND, *soupirant*.

Si le mien vous porte bonheur, il aura donc tout gardé pour cette occasion. Mais, puis-je vous demander pourquoi vous aviez quitté le vôtre?..

BUSSY.

Ah!.. ah!.. c'est difficile à dire... J'ai peur qu'après vous ne veuillez plus le garder...

ARMAND.

Ne craignez pas cela, monsieur... Etranger au monde, tout ce que vous m'apprendrez me rendra service...

BUSSY.

Voyons!.. vous n'avez jamais fait un mauvais livre?..

ARMAND, *reculant avec un vif mouvement d'effroi*.

Oh!.. par exemple!.. un mauvais livre!..

BUSSY, *à part, d'un ton moqueur*.

J'en étais sûr... (*Haut*.) Ni enlevé une femme!

ARMAND, *indigné*.

Que dites-vous?.. enlevé une femme!..

BUSSY, *même jeu*.

Je le voyais bien... (*Haut*.) Ni tué un homme en duel?

ARMAND, *même jeu*.

Tuer un homme! on ne fait pas de ces choses là...

BUSSY.

Tout cela se fait... (*Il aperçoit la duchesse de Chevreuse dans le fond*.) Et même, dans votre famille, il n'y a pas rien que les hommes qui ne reculent ni devant un coup d'épée, ni devant une déclaration d'amour... demandez plutôt à madame la duchesse... (*Il la salue en allant au devant d'elle*.)

SCÈNE III.

ARMAND, BUSSY, LA DUCHESSE.

LA DUCHESSE.

Quoi?.. quelque folie!.. Mais me voici!..

BUSSY.

Déjà debout.... il est à peine jour...

LA DUCHESSE.

Et j'arrive peut-être trop tard.... (*Riant*.) Vous êtes un conseiller dangereux pour un jeune homme.... Je n'aurais pas dû dormir.... Quoi!.... il y a ici deux secrets!.... deux intrigues... Mais c'est comme au temps... (*Sérieusement*.) et ma raison doit veiller sur ce qui va se passer...

BUSSY, *montrant Armand à la duchesse*.

Rêveur... inquiet... étonné de tout...

LA DUCHESSE.

Il ne connaît pas le monde...

BUSSY, *riant*.

Ah!.... ce qu'on appelle le monde!.... C'est un petit nombre de personnes, vivant les unes pour les autres d'une vie de vanité et de déceptions, de petites ambitions et de grands tourments, d'espérances fugitives et de chagrins réels, pour trouver à grand'peine au milieu de cela quelque semblant de gloire ou quelques minutes de plaisir...

ARMAND.

Oh!... ce n'est pas possible!...

BUSSY, *moqueur*.

Demandez plutôt à madame la duchesse...

LA DUCHESSE.

Moi... je ne pense pas ainsi...

BUSSY, *avec fatuité*.

Les femmes s'y détestent à cause de nous...

ARMAND.

Cela n'est pas vrai...

BUSSY.

Demandez plutôt à madame la duchesse!....

LA DUCHESSE.

Je n'en sais rien...

BUSSY.

Et encore nous trompent-elles... et ne peut-on jamais compter sur leur amour..

ARMAND.

Je ne croirai jamais cela...

BUSSY.

Demandez à.....

LA DUCHESSE *l'interrompt en riant, et prend le milieu entre lui et Armand*

C'est affreux de donner de pareilles idées à un jeune homme... ce sont des calomnies... (1) (*à Armand d'un ton solennel*). Ne prenez pas au sérieux les plaisanteries du comte de Bussy.. les femmes sont bonnes, aimables et sensibles..

ARMAND *avec chaleur*.

N'est-ce pas?.. et il faut les adorer...

LA DUCHESSE, *souriant*.

Mais non...

BUSSY, (*l'interrompant avec un sérieux comique*.)

Madame la duchesse vous pervertissez ce jeune homme...

LA DUCHESSE, (*de même*).

Vous êtes dans l'erreur... il faut craindre le monde... ses séductions et ses plaisirs...

(1) Armand, la Duchesse, Bussy.

ARMAND, (*de même.*)

Parce qu'ils sont si pleins de charmes, que la vie y est heureuse à faire oublier le ciel!..

LA DUCHESSE, (*souriant.*)

Mais non..

BUSSY, (*de même.*)

Vous l'entraînez à sa perte...

LA DUCHESSE, (*sérieusement*).

D'abord les femmes sont toutes vertueuses...

ARMAND, (*avec passion.*)

Et leur amour toujours sincère... n'est-ce pas?..

(*La duchesse va pour parler. Bussy ne lui en laisse pas le temps.*)

BUSSY.

Vous abusez de sa jeunesse...

LA DUCHESSE, (*moitié riant, moitié fâché.*)

En vérité, comte, vous êtes insupportable... et ce n'est pas déjà si facile de donner des leçons de morale... pour que...

BUSSY, (*de même.*)

Puisque vous lui avez donné mon nom, vous avez fait assez pour lui, et pour sa vertu...

ARMAND.

Ah!.. je commence à comprendre que c'est sans doute à ce nom que je dois la crainte, l'effroi, que toutes ces jolies dames montraient hier soir au souper en me regardant.

BUSSY.

Mais elles avaient pourtant toujours les yeux fixés sur vous...

ARMAND.

En murmurant des mots qui semblaient exciter leur colère.

BUSSY.

Les *Amours des Gaules*, n'est-ce-pas?

ARMAND.

Les amours des Gaules?... que signifie?

LA DUCHESSE.

Rien, rien .. ou plutôt une chose odieuse.

BUSSY.

Dont vous avez bien ri!

LA DUCHESSE.

Monsieur a de grands torts.

ARMAND, *inquiet.*

Qui éloignent les femmes de lui!

LA DUCHESSE.

Ceci fera votre sûreté.

ARMAND.

Ainsi, on me déteste grâce à votre nom.

BUSSY.

Et grâce au vôtre, M. de Théligny, je suis déjà traité comme un mari... personne ne fait plus attention à moi.

ARMAND.

Un mari!

LA DUCHESSE.

Sans doute... Est ce que nous n'espérons pas marier Marie à Philippe de Théligny.

ARMAND, *fait un mouvement très vif que la duchesse masque et cache à Bussy.* (*A part.*)

Mon frère!... il l'épouserait!...

BUSSY, *allant à Armand.*

Eh bien! qu'y a-t-il? (*à la duchesse.*) Nous l'avons trop effrayé sur ce monde où il va vivre. (*à Armand.*) Rassurez-vous et écoutez : il a aussi des plaisirs que vous devez connaître, et qui vous plairont, j'en suis sûr.

Air : De Séraphita (Frontin mari-garçon).

La cour,
L'amour
Tout vous appelle ;
Venez parmi nous
Vous nous verrez tous
Lutter de joie avec vous :
Aimons,
Chantons,
La vie est belle ;
Si nous laissions fuir
L'instant du plaisir,
Pourrions-nous le ressaisir?
Noble jeune homme,
Apprenez comme
D'un gentilhomme
Les jours sont remplis :
Combats, victoire,
Amours et gloire,
C'est notre histoire
Dans ce beau pays!
Le jour naît,
Et dès qu'il paraît,
Devant nos pas c'est un palais qui s'ouvre;
La grandeur
N'est pas le bonheur,
Mais on s'y trompe en entrant dans le Louvre;
Le roi part,
On suit sans retard
L'étendard
Qui mène à la gloire :
Quel prix charmant de la victoire
On obtient...
Quand on en revient!
Des yeux
Joyeux
Un doux sourire,
Des mots gracieux,
Et quelquefois mieux,
Nous accueillent en tous lieux :
Serments
Charmants,
Heureux délire,
Transports enchanteurs,
Et souvent trompeurs,
Récompensent les vainqueurs!
Cercle agréable,
Où grâce aimable,
Esprit affable
Font voler le temps,
Beautés piquantes,
Voix éloquentes,
Plumes savantes,
Charment nos instants.
Les plaisirs
Peuplent nos loisirs,
Auprès de nous ils ont ployé leurs ailes;
Les amours
Durent peu de jours;
Mais les plaisirs au moins nous sont fidèles!
Deux amants,
Croyant aux serments,
Parfois disputent leurs conquêtes,
Et se battent pour des coquettes
Qui se moquent des combattants!

Fierté,
Gaîté,
Valeur, franchise,
Telles sont nos lois!
Venez à ma voix,
Chez nous ressaisir vos droits?
Ici,
Voici
Quelle devise
D'un noble seigneur
Fait battre le cœur :
Le roi, les dames et l'honneur!

LA DUCHESSE (*à part.*)

Ah, mon Dieu! quelles idées va-t-il lui donner là.

ARMAND (*ayant jeté les yeux dans le parc.*)

C'est elle!..

LA DUCHESSE, (*à Bussy.*)

Que regardez-vous donc?..

BUSSY.

Rien... rien... (*S'échappant.*) Essayons de la rencontrer...

ARMAND, (*voulant le suivre,*)

Il la cherche... il la suit... (1)

LA DUCHESSE, (*le retenant.*)

Qui cela?.. en effet... il s'échappe... où va-t-il donc?..

ARMAND, (*troublé.*)

Près de la comtesse Marie... de celle qui doit être la femme de mon frère... ah!.. (*Il pose la main sur son cœur.*) Il faut que je m'éloigne de cette maison... je ne sais ce que j'éprouve... mais je sens qu'à présent j'y souffrirai..,

LA DUCHESSE, (*jette un coup d'œil à la dérobée sur Armand qui rêve.*)

Le pauvre garçon, il eût été si bien en officier.. mais il faut pour l'honneur de notre famille.... comme il faut aussi que son frère épouse Marie. J'étais venue pour décider ce mariage... Sa présence... celle du comte de Bussy, compliquent... (*Souriant.*) J'ai bien fait de me lever matin... (*Elle avance un peu sur le devant de la scène, et dit comme à elle-même.*) Faire rentrer un de mes neveux au couvent... marier l'autre... contrarier le comte de Bussy qui me l'a rendu d'avance... (*Elle rit.*) Et s'il se peut... prendre en défaut quelqu'une de nos jeunes prudes.. il me semble que j'ai là de quoi occuper ma journée... (*Elle sort par la gauche de l'acteur.*)

SCÈNE IV.

MARIE, ARMAND, *d'abord seul.*

ARMAND.

Je n'ai pas bien compris ce qu'ils disaient... et leurs paroles m'ont inquiété... car elles ne répondaient pas à mes belles espérances. Qu'entends-je?... (*Ici l'on entend une musique très-faible qui peu à peu se rapproche ou s'augmente. Armand va au fond, il est près de la porte et regarde au dehors, lorsque Marie paraît, sans le voir d'abord.*

(1) La Duchesse, Armand.

AIR *du fil de la Vierge.*

MARIE.

Je ne puis définir le trouble qui m'agite,
Mon vague effroi;
Vers un sort inconnu mon cœur se précipite,
Mon Dieu, pourquoi?
Ah, si jamais mon âme, inquiète, étonnée,
A pressenti
Qu'un seul instant pourrait changer ma destinée.
C'est aujourd'hui!

ARMAND, *à part.*

Qu'elle est jolie! Ah! je suis bien sûr que je comprendrai tout ce qu'elle dira.

MARIE.

C'est lui!.. j'hésitais bien à venir vous parler...

ARMAND.

Pourquoi?..

MARIE, *hésitant.*

Votre nom!

ARMAND.

Oubliez-le!..

MARIE.

Non pas... car c'est au comte de Bussy que je viens parler.

ARMAND, *avec embarras.*

Je ne sais... si je dois accepter vos confidences...

MARIE, *souriant.*

Vous ne les auriez pas obtenues sans vos manières, si douces... votre air... si bon... tout cela si différent de ce que j'imaginais... m'encourage...

ARMAND.

Alors j'accepte. Et soyez sûre que votre confiance en moi ne sera pas trompée.

MARIE, *souriant.*

Pourtant j'ose à peine... et vous ne devez pas être surpris que je sois intimidée avec vous, plus que je ne le fus jamais avec personne.

ARMAND.

Comment s'étonner en effet, d'un trouble qu'on partage...

MARIE, *à part.*

C'est singulier qu'il soit si timide et si troublé. (*Haut*). Ce que j'ai à vous dire...

ARMAND.

M'intéresse, s'il s'agit de vous ..

MARIE.

Nous ne nous connaissons pas encore.

ARMAND.

Il me semble que si... je vous avais rêvée...

MARIE, *souriant.*

Et vos rêves m'avaient montrée à vous?

ARMAND.

Ravissante!..

MARIE, *gaie.*

Pourquoi donc, alors, avoir dit du mal de moi.

ARMAND, *vivement.*

O ciel!.. un pareil crime... ce serait odieux!.. c'est impossible!..

MARIE.

C'est odieux!.. mais c'est vrai!..

ARMAND, *avec chagrin.* (*à part.*)

Ah! c'est lui!.. le comte de Bussy!..

MARIE.

Vous semblez affligé!.. Eh! bien! . consolez-vous, quand j,ai deviné pourquoi vous m'en vouliez, je vous ai pardonné tout de suite...

ARMAND.

Comment!.. Qu'avez-vous deviné?

MARIE.

En vous voyant ami du comte de Théligny, j'ai pensé que votre amitié pour lui vous rendait injuste envers moi, à cause de mon refus de l'épouser... Vous m'avez crue coquette et insensible... dédaignant votre ami par légèreté ou par amour pour un autre... Eh bien! vous vous êtes trompé, il n'y a rien de tout cela... J'ai voulu vous le dire, parce que depuis que je vous ai vu... il me semble que je serais toujours malheureuse, si vous pensiez mal de moi...

ARMAND, *enchanté.*

Mon Dieu, je n'ai pas de mots, pour répondre à d'aussi aimables paroles. Mais si j'osais vous demander quelles raisons vous portent à refuser Philippe de Théligny?

MARIE, *hésitant*

Eh! bien!.. je vous dirai tout...

ARMAND.

Parlez!..

MARIE, *hésitant.*

D'abord, je ne voulais pas d'un mariage, seulement de convenance, et j'aurais désiré que celui à qui j'aurais donné ma main eût avant tout obtenu mon cœur...

ARMAND.

C'est une douce pensée dont nul n'oserait vous blâmer...

MARIE.

Je voulais plus... monsieur... Je voulais que quelque action généreuse et belle vint éveiller n moi, l'estime... l'admiration même...

ARMAND.

C'est beaucoup!... mais ce n'est pas encore assez pour être digne de tant de bonheur.

MARIE.

Alors... j'interrogeai tout ce qui avait connu le comte Philippe ou sa famille... et un évènement singulier m'en apprit un jour plus que je ne l'espérais...

ARMAND.

Comment cela?...

MARIE.

Un malheureux vieillard, presque mourant, fut recueilli chez moi par mes ordres, et dès qu'il sut mon nom, il me fit demander comme une grâce de consentir à l'entendre... Il ne voulait pas, disait-il, mourir sans m'avoir parlé... Il m'apprit alors qu'il n'était qu'un pauvre moine échappé de son couvent, et nommé le père Anselme.

ARMAND, *troublé et vivement.*

Comment?...

MARIE, *le regarde avec surprise, puis continue.*

Et il me dit en pleurant, si j'ai quitté le cloître, madame, ce n'est pas pour lui disputer les derniers jours d'une vie éteinte dans les douleurs et dans les austérités, mais c'est pour sauver d'un sort pareil au mien, pour arracher s'il est possible, au désespoir, le meilleur et le plus intéressant des hommes, le malheureux Armand de Théligny!..

ARMAND, *très troublé.*

Quoi!... vous connaissez son nom... vous savez son sort... et vous avez pitié de lui!

MARIE, *étonnée.*

Mais qu'avez-vous donc? M. le comte!..

ARMAND, *essayant de se remettre.*

Ce que j'ai?.. pardon!.. c'est que je connais Armand, et que, moi aussi, je m'intéresse à son sort...

MARIE, *avec joie.*

Quel bonheur!.. et que j'ai donc bien fait de vous dire cela!..

ARMAND.

Oui, parlez moi encore de ce que vous avez appris sur lui, et de ce que vous avez pensé et approuvé à ce récit.

MARIE.

Le vieillard avait un dévouement si profond, et une admiration si grande pour les vertus, l'intelligence et la bonté du jeune homme, qu'il ne pouvait se lasser d'en parler... Il me fit donc connaître tous les détails de sa vie si pure, tous les penchants de son âme si tendre... il m'a conté de lui des choses qui m'ont fait pleurer...

ARMAND, *se laissant entraîner.*

Est-il vrai? quoi, madame... vous savez que ces privations continuelles, cette vie si dure, ces austérités du cloître, ne sont pas ce qui l'afflige le plus... Son âme est au-dessus des choses vulgaires, mais cet âme ardente, enfermée dans une contrainte qui l'étouffe... ce cœur aimant, condamné à une indifférence qui l'éteint... voilà surtout ce qui rendait ses souffrances infinies et intolérables... Mais ne le plaignez plus! votre pitié a payé ses tourments, et il est bien heureux!

MARIE, *très vivement.*

Ces tourments ont excité toute ma sympathie, et je n'ai pu en distraire ma pensée .. Oui, je l'avoue... c'est pour cela que j'ai refusé la fortune et le sort brillant que Philippe doit au malheur de son frère; car depuis que ses douleurs m'ont été racontées, elles sont restées là, toujours, et je n'ai pas voulu en partager le prix...

Air : A l'âge heureux.

Mais, monsieur, vous serez discret!
Je vous fais lire dans mon âme :
Livrer à d'autres mon secret
C'était me condamner au blâme!

Un monde égoïste et moqueur
N'était pas digne de l'apprendre;
Et l'on ne doit ouvrir son cœur
Qu'à ceux qui peuvent nous comprendre.

ARMAND, *très troublé, à part.*

Ah! c'en est trop... je vais... (*Il se reprend.*) Mais non... non... je ne peux pas encore.

MARIE.

Qe voulez-vous dire ?

ARMAND.

Mon cœur est si troublé que je ne puis que tomber à vos pieds, et dire, merci, merci, madame...

MARIE.

Tant d'émotions!..

ARMAND.

Si vous saviez ce que votre intérêt pour Armand... de Théligny, m'inspire...

MARIE.

Oh!.. je ne m'étais pas trompée, en vous croyant généreux et bon, et j'ai bien fait de confier à votre cœur... ce qui, jusqu'à présent, ne s'était jamais échappé du mien...

ARMAND, *très troublé*

Vous entendre parler ainsi avec des mots de tendresse, avec des larmes dans les yeux... mais c'est le ciel!

MARIE, *étonnée.*

Troublé plus que moi!.

ARMAND.

Ah!.. c'est que jamais rien ne m'avait donné l'idée d'un tel bonheur... et que pourtant, je comprends...

Air : de Psyché.

Votre voix révéla
Le bonheur à mon âme!

MARIE, *(à part.)*

Se peut-il qu'une femme
Le trouble à ce point là?

ARMAND.

Je commence à connaître!

MARIE.

Eh quoi, vous commencez?

ARMAND.

J'apprendrai tout peut-être?

MARIE.

Asssez! (*bis*.)

Laissez-moi m'éloigner...

ARMAND.

Vous quitter!..

MARIE.

Qu'est-ce donc que j'éprouve de surprise et d'émotions...(*Apercevant la duchesse d'Olonne dans le parc.* Quelqu'un!.. (*bas*) madame la duchesse d'Olonne!.. Est-ce lui qu'elle cherche? (*Elle s'échappe et va se cacher dans la pièce au troisième plan à droite de l'acteur*).

ARMAND.

Ainsi déjà tous mes rêves de bonheur se réalisent dans cette femme... je la devinais... je la cherchais... et elle! son cœur partageait en secret tous mes maux... ce sentiment qui m'était interdit donne à mon cœur des transports inconnus. (*Il sourit.*) Je suis heureux et je comprends l'amour.

SCENE V.

ARMAND, LA DUCHESSE D'OLONNE.

LA DUCHESSE D'OLONNE, *dans le fond, à elle-même, très gaie et excessivement coquette pendant toute la scène.*

C'est lui!

ARMAND, *étonné.*

Encore une femme jeune et belle et qui vient à moi.

LA DUCHESSE D'OLONNE.

Pour vous donner une leçon.

ARMAND, *souriant.*

Et j'en ai peut-être plus besoin que vous ne croyez.

LA DUCHESSE D'OLONNE. *elle s'est avancée doucement, puis elle met coquettement sa main sur le bras d'Armand et dit avec gaîté et menace.*

Je vous apprendrai à composer des épigrammes contre les femmes.

ARMAND, *très étonné.*

Moi!..

LA DUCHESSE D'OLONNE, *gentiment.*

Comte de Bussy! (*Il fait un mouvement*). Cela finira mal pour vous... vous êtes un mauvais sujet.

ARMAND, *s'éloigne et dit un peu fâché.*

C'est désagréable de jouer le rôle de mauvais sujet... (*Souriant.*) Mais ce ne sera peut-être pas inutile à mon éducation.

LA DUCHESSE D'OLONNE.

Que murmurez-vous là tout bas?

ARMAND.

Je me prépare à vos leçons... Eh bien, que direz-vous?

LA DUCHESSE D'OLONNE.

Air : De Lauzun.

Il est des femmes parmi nous
Qui s'irritent de vos malices;
Moi je veux en rire avec vous,
Tout en blâmant vos injustices!
En censeur pourquoi s'ériger?
A nos plaisirs pourquoi donc nuire?
Il est doux de les partager
Bien plus qu'il n'est doux d'en médire.

ARMAND, *souriant et assez charmé.*

Et quels sont ces plaisirs que vous croyez que je ferais mieux de partager?

LA DUCHESSE D'OLONNE, *le regardant avec malice et coquetterie.*

Vous le savez bien.

ARMAND, *souriant.*

Peut-être?

LA DUCHESSE, *de même.*

Cette envie de plaire, que vous condamnez en nous, ne feriez-vous pas mieux de l'avoir vous-même?

ARMAND, *souriant.*

Si j'étais sûr d'y parvenir.

LA DUCHESSE, *de même.*

Ce désir d'être aimée, dont vous nous blâmez, que ne l'avez-vous aussi?

ARMAND, *souriant et galant.*

Si j'espérais y réussir?

LA DUCHESSE, *gracieuse et coquette.*

Pourquoi ne le tentez-vous pas?.. L'envie de plaire sait donner de l'esprit; être amoureux peut donner du talent, puis être aimé doit donner du génie... et la gloire est une si belle chose pour un poëte, qu'il faut tout faire pour l'obtenir.

ARMAND, *très galant.*

Il y aurait tant de bonheur à la gagner ainsi, qu'on finirait par l'oublier.

LA DUCHESSE D'OLONNE, *maligne.*

Si je ne me trompe, la comtesse s'est éloignée à ma vue, et j'aperçois mademoiselle Renée de Dreux qui attend mon départ pour vous joindre.

ARMAND.

Que dites-vous?

LA DUCHESSE D'OLONNE.

Oui, oui... j'ai peur que vous ne trouviez ici de quoi faire un nouveau volume... et que ma coquetterie n'y fournisse un chapitre... Mais grâce pour moi!.. pas un mot qui me blâme, et vous en serez récompensé.

ARMAND, *souriant.*

Je promets volontiers de vous louer toujours!..

LA DUCHESSE D'OLONNE.

Air : De Lauzun.

Songez que vous l'avez promis,
Sur moi plus de traits satyriques!
Et, puisque nous sommes amis,
Croyez-moi, malgré vos critiques,
Vous qui nous reprochez ici
Nos efforts pour plaire et séduire,
Vous seriez le premier puni
Si vous n'aviez plus rien à dire.

(*Elle va se cacher derrière la portière de la porte au deuxième plan à gauche de l'acteur.*)

Ah! ah! voyons donc!

ARMAND, *très gai.*

Ce coquin de Bussy est-il heureux!.. Tout ce qui m'arrive dans ce monde joyeux m'enchante autant qu'il m'étonne.

SCENE VI.

RENÉE, ARMAND.

ARMAND.

C'est cette charmante personne.

RENÉE.

L'amie de Marie peut-elle vous parler?

ARMAND.

C'est donc, en effet, moi que vous cherchez?

RENÉE.

Oui, monsieur le comte.

ARMAND, *à part.*

Ah! c'est Bussy!

RENÉE.

Je sais que vous avez mauvaise opinion des femmes. (*Mouvement d'Armand.*) Oh! je le sais; mais vous changerez cette opinion dès que vous connaîtrez bien Marie.

ARMAND.

Ainsi, vous pensez?..

RENÉE.

Que votre ami... Philippe de Théligny, sera bien heureux d'avoir la meilleure et la plus charmante des femmes.

ARMAND.

Comme vous dites cela tristement.

RENÉE.

Ah! ne me croyez pas attristée par le bonheur de mon amie... et ne vous étonnez pas surtout si, au lieu de m'adresser à elle, c'est à vous que je viens demander un service.

ARMAND.

Quoi, je pourrais rendre un service à une aussi charmante personne!

RENÉE.

J'aurais dû m'adresser aussi à madame de Chevreuse, à qui je suis confiée depuis l'enfance... mais elle ne voudrait pas m'entendre. Elle veut toujours marier tout le monde, elle qui est veuve.

ARMAND.

Ah!.. et vous?

RENÉE.

Moi... je veux entrer dans un couvent.

ARMAND.

Un couvent! O ciel! que dites-vous?

RENÉE.

Et c'est à vous que j'ai recours pour cela!

ARMAND.

A moi! (*A part.*) si c'était pour en sortir, je ne dis pas.

RENÉE.

Je n'ai personne au monde à qui je puisse m'adresser... Marie et la duchesse s'opposeraient également à mes projets... mais vous... les gens d'esprit comprennent tout... et vous comprendrez que j'ai pour cela des raisons que je ne puis dire.

ARMAND.

Un couvent... mais vous ne savez pas ce que vous souffririez... Vivre sans affection... sans plaisir... ah! c'est mourir mille fois!..

RENÉE.

Il faut bien un asile à ceux qui ne conviennent pas au monde et à qui le monde ne convient pas.

ARMAND.

Je devine... votre amie est Marie!.. celui qui

est arrivé ici, et qui porte le nom de Théligny... doit l'épouser... vous le connaissiez avant elle?..

RENÉE, *lui imposant silence.*

Monsieur, je ne vous demande que de m'indiquer un de ces pieux refuges...

ARMAND.

Je vous apprendrai, au contraire, ce que vous trouveriez de malheur dans la retraite, à vous, qui m'apprenez ce qu'on peut trouver de vertus dans ce monde, dont tout ce que j'entrevois me charme et me ravit!

RENÉE.

Air : Du Piège.

Oui Dieu créa la joie et les plaisirs
Pour enchanter, pour embellir la vie;
L'amitié prévient nos désirs,
L'amour séduit l'âme ravie;
Vers ce bonheur que le ciel ici-bas
Daigna semer dans sa bonté féconde,
Chacun de nous s'élance!.. mais hélas,
Il n'en est pas pour tout le monde.

Ciel! ces dames si sévères, que diront-elles en me voyant seule avec vous?

ARMAND.

Attendez là qu'elles soient éloignées.... Je veux encore vous parler.

RENÉE.

Oui... j'attendrai... (*Elle va se cacher derrière les rideaux de la fenêtre à droite de l'acteur*).

ARMAND.

Je puis à peine croire ce que je vois... ce que j'entends.

SCENE VII.

ARMAND, MADAME DE BAGNEUX et MADAME DE SABRAN.

MARIE, *se montrant un peu à la porte.*

Encore des femmes!

LA DUCHESSE D'OLONNE, *de même.*

Nos prudes!...

ARMAND.

C'est toujours moi qu'on cherche.

MADAME DE BAGNEUX, *en prude affectée.*

Nous venons deux ensemble, monsieur le comte, remarquez-le bien... une femme risque trop en se trouvant seule avec vous.... et notre vertu....

ARMAND, *salue profondément..*

Votre vertu....

MADAME DE BAGNEUX.

Vous l'avez offensée....

ARMAND, *étonné.*

Moi.... j'ai offensé votre vertu?...

MADAME DE SABRAN.

Oui, monsieur.

MADAME DE BAGNEUX.

En la soupçonnant.

ARMAND, *à part.*

C'est encore un tour de Bussy.

MADAME DE BAGNEUX.

Et d'abord, nous vous demandons le secret sur la démarche que nous osons faire seulement dans l'intérêt de notre réputation et pour que notre nom respectable ne soit pas mis avec celui de ces jeunes femmes légères qui ne se respectent pas.

MADAME DE SABRAN.

Nous que l'on doit tant respecter....

ARMAND.

Qu'est-ce qu'il leur a donc fait?

Air : Ah si ma dame le savait.

MADAME DE BAGNEUX.

Si vous avez médit de nous,
C'était avant de nous connaître,
Et vous vous repentez peut-être
En nous voyant auprès de vous?

MADAME DE SABRAN.

Allons, monsieur, repentez-vous!

MADAME DE BAGNEUX.

Méritez la reconnaissance
De deux cœurs qui vous maudissaient,

ENSEMBLE.

Et surtout gardez le silence!..
Car si ces dames le savaient!
Ah, si ces dames le savaient!

(*Les trois dames sortent de leurs cachettes.*)

LES TROIS FEMMES.

Et elles le savent.

LA DUCHESSE D'OLONNE, *riant et entrant.*

Mais nous nous garderons toutes le secret...(*)

MARIE.

Toutes ici!....

LA DUCHESSE D'OLONNE, *riant.*

Et monsieur croira que les plus coupables envers nous, sont aussi les plus heureux....

MADAME DE BAGNEUX.

Éloignons-nous!.... Mesdames.

MARIE, *riant.*

Nous aurions l'air de fuir..... devant notre ennemi. Restons, mesdames.

MADAME DE BAGNEUX.

Rester près de celui qui écrivit ces affreux romans!....

MARIE.

Romans!... ce mot l'excuse, puisqu'il signifie que pour dire du mal de nous, il fût forcé d'inventer.

LA DUCHESSE D'OLONNE.

Eh! bien, qu'il invente encore quelque nouveau conte pour nous amuser!

TOUTES.

Oui, oui, oui.

MARIE, *riant.*

Oui, c'est décidé... asseyez-vous là et commencez...

(*Elle le font asseoir sur le sopha, une s'assied à côté de lui, une autre reste debout; enfin elles forment un joli groupe et en s'arrangeant elles chantent :*

* Renée, Marie, Armand, la duchesse d'Olonne, madame de Bagneux, madame de Sabran.

CHŒUR DES FEMMES.

(*) LA DUCHESSE D'OLONNE, MADAME DE SABRAN, MADAME DE BAGNEUX, RENÉE, MARIE.

Air : Du Domino-Noir (3e acte.)

N'hésitez pas,
Pourquoi tant d'embarras?
Monsieur, vous nous devez
Tout ce que vous savez!
Faites-nous à l'instant
Quelque récit piquant;
De vos torts envers nous
Le châtiment est doux.
A nos désirs en vain vous résistez;
Quand vous ne savez rien puisque vous inventez,
Faites-nous vite un conte, et songez bien surtout
Qu'il doit être amusant sans blesser le bon goût.

MARIE.

Parlez, nous écoutons.

ARMAND.

Vraiment,
Vous obéir est difficile.

MARIE.

Pour trouver un récit plaisant
Vous avez la cour et la ville.
Quoi! votre esprit est en défaut?
Allons, monsieur, vite une histoire!
Votre esprit, ou votre mémoire
Vous fournira ce qu'il nous faut.

REPRISE DE L'ENSEMBLE.

LES FEMMES.

N'hésitez pas,
Pourquoi tant d'embarras?

ARMAND.

(*A part.*) Ah! si nos frères me voyaient. (*haut.*) Mon trouble est pardonnable... ce que je vois... m'ôte toute autre idée... je ne puis parler...

(*Moment de silence pendant lequel on entend très bien les mots sans voir encore personne.*)

LA DUCHESSE DE CHEVREUSE.

Mais où donc sont toutes ces dames!

BUSSY.

Je n'ai pas pu en rencontrer une seule.

(*Alors on voit à la seconde porte au fond entrer Bussy et la duchesse qui s'arrêtent stupéfaits.*)

TOUS DEUX, *avec surprise.*

Ah!

BUSSY.

Voyez!...

LA DUCHESSE DE CHEVREUSE, *à part, avec effroi.*

Au milieu de cinq femmes, quel noviciat pour rentrer au cloître!

SCÈNE VIII.

Les mêmes, LE COMTE DE BUSSY, LA DUCHESSE DE CHEVREUSE.

BUSSY, *à la duchesse.*

Mais je suis volé... volé comme dans un bois... c'est à moi que tout cela revenait: c'est mon bien.

LA DUCHESSE DE CHEVREUSE, *souriant.*

Le bien mal acquis ne profite pas.

BUSSY.

Mais je ne puis concevoir, et ma surprise...

LA DUCHESSE, *souriant.*

Ah! ah! mesdames... de mon temps on ne faisait pas mieux...

Air : J'en guette un petit de mon âge.

Ne sachant plus où trouver un refuge,
Lorsqu'un frondeur médit de leurs amours,
Les coupables contre leur juge
Ont de la ruse emprunté le secours.
Pour arracher son glaive à la justice,
Toutes ces dames aujourd'hui;
En jetant leurs filets sur lui,
De leur juge ont fait leur complice.

BUSSY.

Assez de cette plaisanterie! *

ARMAND, *gaiement s'approche de lui et lui dit à mi-voix.*

Ah! monsieur, que ne vous dois-je pas et que votre nom m'a été utile!

LA DUCHESSE DE CHEVREUSE.

Voilà comme il emploie les vingt-quatre heures que je lui ai laissées.

ARMAND.

Vos torts mêmes...

BUSSY, *avec impatience.*

Mes torts vous ont plus rapporté que ne me l'ont fait vos vertus.

Air : De l'Angélus.

Le nom que j'avais emprunté
Etait le nom d'un homme sage;
Celui que je vous ai prêté
N'avait pas le même avantage:
C'est le nom d'un fou, d'un volage!
Mes torts sans doute sont bien grands;
Vos vertus m'enchantent moi-même;
Mais ces vertus, je vous les rends,
Car avec mon nom je reprends
Tous les torts qui font qu'on vous aime.

TOUTES.

Que dit-il?... qu'y a-t-il?

SCÈNE IX.

Les mêmes, ROGER.

ROGER, *accourant gaiement.*

Un cartel au comte de Bussy (*il reste en arrière.*)

BUSSY, *riant.*

A moi!...

TOUTES.

A lui!...

BUSSY, *riant.*

Oui, mesdames... je suis le comte de Bussy Rabutin... l'auteur maudit.

MARIE, *regarde Armand avec inquiétude.*

Est-ce possible?

ARMAND.

C'est vrai!

(*) Marie, Armand la duchesse d'Olonne, les autres sont groupées derrière le canapé

* La duchesse de Chevreuse. Armand. Bussy, Marie, Renee, la duchesse d'Olonne, de Bagneux et de Sabran.

BUSSY.

Je ne crains plus de l'avouer à présent que ces dames ont pardonné.

RENÉE, *à elle-même, avec joie.*

C'est le comte de Bussy!

MARIE, *à Armand.*

Mais alors, vous seriez M. de Théligny, et ce nom...

ARMAND, *tendrement.*

Il devait devenir le vôtre!

MARIE, *le regarde avec amour.*

Mais le bonheur d'Armand?...

ARMAND, *lui prenant la main.*

Il est assuré à jamais!

LA DUCHESSE DE CHEVREUSE, *les regardant.*

Qu'est-ce que j'entrevois?

BUSSY. *

Et maintenant, mesdames, plus de frayeur!.. En vous voyant si généreuses pour celui que vous croyiez votre ennemi, vous m'avez désarmé... Je veux même l'emporter en générosité... mes manuscrits sont aux mains d'une de vos amies, madame de la Baume... et ils n'en sortiront que pour être jetés au feu. En reprenant mon nom, je dois rendre celui de Théligny dont je n'ai pas certes fait un mauvais usage...

LA DUCHESSE DE CHEVREUSE.

A votre grand regret!

BUSSY.

Puis, cette provocation que j'oubliais...

ROGER, *s'avançant en riant.*

Une plaisanterie de ma façon... pour apprendre à ces dames ce qu'elles avaient à craindre... car le comte de Bussy avait promis qu'avant vingt-quatre heures, il aurait réussi à plaire à une de vous au moins.

TOUTES, *reculant.*

C'est affreux!... horrible!...

ROGER, *riant.*

Et un ennemi inconnu a trop d'avantage.

BUSSY, *s'impatientant.*

Monsieur Roger!..

LA DUCHESSE DE CHEVREUSE, *riant.*

Ah! ah!... comte... ne vous fâchez pas.... Ruses contre ruses... c'est un droit de la guerre. (*Elle rit.*) J'y étais bien habile. (*Elle reprend sérieusement.*) our sauver la vertu... des femmes! tout est permis.

ROGER.

Puis il compromettait le nom du plus vertueux et du plus excellent de nos officiers... mon meilleur ami : Philippe de Théligny, avec qui j'ai servi en Espagne, que j'y ai laissé, et dont je reçois à l'instant une lettre.

Ensemble.

LA DUCHESSE, *regardant Armand.*

Ciel!

BUSSY, *de même.*

Comment?

MARIE, *de même.*

Est-ce possible?

(*Mouvement de tous.*)

BUSSY, *désignant Armand.*

Quoi! monsieur n'est donc pas le comte Philippe de Théligny?

ROGER.

Pas le moins du monde.

MARIE, *s'éloignent d'Armand près de qui elle était.*

Dieux!..

BUSSY.

Qui donc est-il?

(*Mouvement de curiosité de tous*).

ARMAND.

Je suis...

LA DUCHESSE DE CHEVREUSE, *se plaçant devant lui et le retenant.*

Quelqu'un dont je réponds... que le hasard amena et qui va s'éloigner pour jamais.

MARIE.

Que dit-elle?

ARMAND. (*Vif mouvement*)

M'éloigner!...

ROGER.

Quel mystère!

BUSSY.

Ma foi, tout autre nom vaut mieux que celui de Théligny... il porte malheur, je l'ai pris avec peine... je le rejette avec plaisir, et vous avez raison d'en faire autant.

ARMAND, *voulant l'empêcher de dire cela.*

Monsieur?

BUSSY, *souriant et désignant Marie.*

Madame la comtesse n'en a pas voulu non plus, et je lui conseille bien de ne jamais l'accepter.

ARMAND, *avec impatience.*

Pourquoi donc?

BUSSY, *riant.*

Demandez à madame la duchesse.

LA DUCHESSE, *avec trouble et embarras*

A moi! Je ne sais rien, je ne comprends rien à toutes ces paroles... qui rappellent peut-être des calomnies... et je vous prie...

BUSSY.

Oh! c'est que les femmes sont bien coquettes dans votre famille...

LA DUCHESSE DE CHEVREUSE, *colère, regarde Armand. On voit qu'elle a envie de lui dire d'imposer silence au comte, puis elle se ravise. (A part.)*

Personne pour le faire taire.

MARIE.

Mais cette famille, monsieur le comte.

BUSSY, *riant.*

Est-ce que ça vous décide à y entrer?

ARMAND, *très vivement.*

Assez, monsieur!... je ne souffrirai pas que vous en disiez davantage.

LA DUCHESSE DE CHEVREUSE, *très-vivement.*

Bien! bien! on ne doit pas laisser attaquer

* La duchesse de Chevreuse, Bussy, Armand, Marie, Renée, la duchesse d'Olonne, de [illegible], de Sabran.

* Bussy, la duchesse de Chevreuse, Armand, Marie, la duchesse d'Olonne, Roger et les autres au second plan.

ni un nom qu'on respecte, ni un femme qu'on aime. (*Se reprenant.*) Mais qu'est-ce que je dis là ?.. vous ne pouvez pas aimer, vous ne pouvez pas vous battre !.. (*A part le regardant.*) Et c'est dommage.

BUSSY.

Pourquoi donc, monsieur, ne se battrait-il pas ? Nous avons changé de nom, nous avons changé de rôle... nous pouvons bien échanger quelques coups d'épée.

LA DUCHESSE DE CHEVREUSE, *inquiète.*

Mais il ne sait pas...

ARMAND, *moqueur.*

Je sais déjà qu'il est d'usage de demander raison... (*souriant*) quand on en manque.

BUSSY, *moqueur.*

L'épigramme aussi.. avec l'amour et le duel.. tout ce que vous ne compreniez pas ce matin... Ce que c'est que les bons exemples... comme ça profite vite à la jeunesse : il me doit cela.

LA DUCHESSE DE CHEVREUSE.

Il vous a là une jolie obligation.

BUSSY.

Mais ce n'est pas sérieux... Pourquoi monsieur prendrait-il fait et cause pour un nom qui n'est pas le sien ? Pourquoi l'y engageriez-vous? vous qui savez que j'ai eu des raisons de m'en plaindre ? vous qui n'ignorez pas ce qu'il en a coûté à votre sœur pour l'avoir porté? Un mari capable de donner des coups d'épée... un homme odieux... qui n'est pas de notre siècle...

ARMAND, *bas à la duchesse qui est entre lui et Bussy.*

Mon père !

BUSSY, *riant.*

Je sais bien qu'elle était aussi coquette que jolie... A mari jaloux, femme légère...

ARMAND, *de même.*

Ma mère !...

LA DUCHESSE.

Des calomnies.

BUSSY.

Et je me souviens...

ARMAND, *passant à lui avec emportement.*

Vous vous souviendrez, monsieur, que je vous ai fait taire à ce nom...

BUSSY.

Et de quel droit ?..

ARMAND.

Du droit que je crois à tous d'imposer silence à la calomnie.

BUSSY.

Monsieur !

ARMAND.

Moi ! je suis étranger à ce monde où vous vivez; mais au milieu du trouble qui m'agite... je sens, je devine que vos paroles sont.... injustes, cruelles, dangereuses surtout (*s'animant*) et que je ne peux pas, que je ne veux pas les souffrir....

BUSSY.

Et si je voulais parler?...

ARMAND.

Je devrais vous en empêcher, au péril de ma vie, au risque de la vôtre..... et cependant, monsieur, jamais jusqu'à ce moment ma pensée n'avait admis l'idée d'un duel, jamais non plus, il est vrai, mon cœur n'avait battu à tant d'émotions nouvelles..... pour me guider, je n'ai encore que les mouvements de ce cœur agité.... mais c'en est assez pour savoir qu'il ne m'est plus permis de garder le silence, et qu'Armand de Théligny doit vous ordonner de respecter le nom de sa mère.

LA DUCHESSE DE CHEVREUSE.

Ciel !

BUSSY, *avec une impression profonde.*

Vous, Armand de Théligny !

(*Mouvement de tous qui se regardent.*)

MARIE, *s'appuyant comme si elle n'avait plus de forces (à part).*

Des vœux éternels!...

LA DUCHESSE DE CHEVREUSE.

O[illegible]st mon neveu Armand!... Je voulais le c[illegible]r.... l'éloigner.... j'aurais bien fait..... Un duel!... une passion!... son secret découvert!... et les vingt-quatre heures ne sont pas écoulées.... ah!.. il est bien de la famille !....

BUSSY.

Vous en convenez?

LA DUCHESSE.

Qu'est-ce que je dis là?....

ARMAND, *calme et digne et regardant autour de lui les autres qui ont l'air curieux.*

Oui, je suis Armand de Théligny.... emporté loin du cloître par une force inconnue... le hasard m'amena dans ces lieux.... Madame m'y força au silence et je résolus alors d'en profiter pour apprendre quelque chose de ce monde, où j'apportais l'espoir d'un bonheur infini; mais je sens que désormais le mystère m'est impossible. Je reprends donc mon nom d'Armand de Théligny, au risque de tous les périls, et je ne veux rien devoir qu'à l'honneur et à la vérité.

MARIE, *et les autres femmes.*

Bien.

LA DUCHESSE, *très inquiète.*

Mais l'honneur de la famille? les droits de votre frère?

ARMAND, *s'animant.*

Mon frère!... Ah ! qu'il garde à jamais ses droits, ses titres, ses richesses,.. ce qu'il me faut à moi, c'est seulement l'air! la liberté!.. l'affection !.. tous les autres biens qu'on s'arrache dans le monde est ce qu'on y pense quand on manque de ceux-là qui sont la vie!... quand la pensée est captive.... le cœur comprimé et les pas retenus!... mon Dieu !.. que je puisse agir, penser et aimer librement, et je n'en veux pas davantage.

LA DUCHESSE.

Décidément ce jeune homme n'a pas la moindre vocation pour le couvent.

BUSSY.

Pas du tout!

RENÉE, *à elle-même.*

Je comprends qu'il m'éloignât du cloître.

MARIE, *à elle-même.*

C'était lui!

ARMAND.

Approchez et écoutez, vous mesdames si charmantes quand vous me preniez pour un autre, qu'il m'est impossible à présent de me passer de votre indulgence.... Enfant, je fus enfermé loin de tous les miens; je n'ai conservé du monde qu'un seul souvenir.... les larmes de ma mère. Pouvais-je entendre de sang-froid ce nom adoré et béni?...

BUSSY.

Pardon!...

ARMAND.

Ce nom dont le culte suffit longtemps à ma pensée! Oui, songer à Dieu, à ma mère, ce fut toute ma vie jusqu'à dix-huit ans... je n'imaginais pas qu'il pût en exister une autre; mais alors.. tout mon bonheur se changea en vague ennui... mon cœur était plein d'agitations inconnues... je ne vivais plus... j'attendais la vie...

LA DUCHESSE.

Pauvre enfant!

ARMAND.

Le plus âgé de nos frères avait connu le monde, je lui confiai mes tourments... à chacune de mes aspirations vers ce monde, je vis pâlir son front: « Mon frère, me dit-il, Dieu dans son infinie bonté n'a pas commandé des sacrifices au dessus de nos forces. Je partirai, j'irai trouver votre famille; quand je reviendrai vous serez libre!... Il partit, mais il ne revint pas!... ce que je souffris, je ne puis le dire. J'invoquai ma mère... on ne laissa pas mes lettres arriver jusqu'à elle...

LA DUCHESSE, *vivement.*

Armand!...

ARMAND.

Que vous dirais-je? je ne pus résister à ce désir insensé qui me poussait loin du cloître... et maintenant il me semble que je commence à vivre!... Voilà quel est celui qui vous demande à tous asile et protection.

LA DUCHESSE, *troublée.*

Mais les dangers sont terrribles!... Armand, revenez de ce délire qui vous entraîne à votre perte et rentrez volontairement au cloître.

ARMAND, *avec violence.*

Rentrer au cloître!

LA DUCHESSE, *à part.* *

C'est cruel!... un si joli homme!

ARMAND.

Que m'importent les dangers?

LA DUCHESSE, *à part.*

Tant de courage!

* Bussy, Armand, la duchesse de Chevreuse, Marie, Renée, la duchesse d'Olonne, de Sabran et de Bagneux * plan.

ARMAND.

Si je l'ai quitté, ignorant encore tous les biens de la vie... irais-je y retourner quand j'ai déjà entrevu ici les plus grands bonheurs (*il regarde Marie.*)

LA DUCHESSE, *à part.*

Et si disposé à en profiter!

ARMAND.

Oh! non, non jamais!

BUSSY, *vivement et allant à lui.*

Ah! si dans les jours de bonheur, mon esprit moqueur s'amuse de tout et ne craint pas d'attrister les heureux de ce monde... M. de Théligny, vous êtes jeune, noble, malheureux et plein de courage... Je ne suis plus alors pour vous qu'un ami offrant mon bras, mon crédit, mon épée... et je me mets tout à votre service.

TOUS.

Bien! bien!

MARIE, *exaltée.*

Oh! il faudra que nous le sauvions!

ARMAND, *entre Bussy et Marie.*

Le ciel ne me donnâ-t-il que ce moment de bonheur, j'aurais vécu au moins un jour (*il leur prend les mains*), et je puis mourir à présent!

BUSSY.

Mourir! allons donc, c'est le cas de vivre au contraire!... Il y a des dangers, des obstacles!... et c'est cela qui m'en plaît!... (*on entend du bruit au dehors.*)

LA DUCHESSE.

Dieu!... n'entends-je pas du bruit?... si c'était?... (*à Roger.*) Allez vous informer, et tâchons surtout d'éviter un éclat!... Armand!... (*elle va à lui vivement et dit bas*:) au nom du ciel, ne faites pas une démarche avant de m'avoir entendue.

ARMAND, *effrayé.*

Que pouvez-vous avoir à m'apprendre?

ROGER, *accourant.*

On cerne la maison... nul n'en peut sortir... la force armée vient y saisir un coupable.

ARMAND.

C'est moi!... mais ils ne m'auront pas vivant... j'aime mille fois mieux mourir!... n'espérez pas que je les suive jamais. (*Tous entrent, les chasseurs du premier acte, des soldats et un exempt de justice*).

LA DUCHESSE, *qui l'a regardé avec pitié, a l'air de prendre une résolution.*

Il le faut!

L'EXEMPT.

Je suis porteur d'ordres rigoureux, et l'on m'a prêté main forte.

LA DUCHESSE.

Pas d'éclat pour l'honneur d'une illustre famille.

BUSSY, *à Armand.*

Que faire?

ARMAND.

Tout, plutôt que de céder!

LA DUCHESSE.

Attendez!... il reste un moyen de triompher de lui et je vais l'employer. Avant une heure vous l'aurez reconduit au cloître qu'il voulait quitter et où il rentrera volontairement.

MARIE, *s'est approchée de la duchesse, elle a entendu et se trouve mal en disant :*

Il est perdu! (*elle est au milieu des femmes*).

FIN DU DEUXIÈME ACTE.

ACTE III.

Même décoration qu'aux deux autres actes.

SCÈNE PREMIÈRE.

COLETTE, MARIE, ARMAND.

MARIE.

Au lever du rideau, Marie est assise à droite de l'acteur, Armand est à genoux devant elle et Colette la soutient, elle dit avec effroi et en pleurant : Il est perdu. (*Elle ouvre les yeux, regarde autour d'elle, puis voit Armand et dit avec un cri de joie :* Lui!

ARMAND.

Bénissant l'infortune qui m'a valu tant de bonheur.

MARIE, *regardant autour d'elle.*

Où sont-ils?

COLETTE.

J'ai éloigné tout le monde pour vous donner des soins, mais monsieur a voulu rester.

MARIE.

Et ceux qui venaient vous chercher?

ARMAND.

Là!... m'attendant... ils ont accordé quelques instants aux prières de la duchesse de Chevreuse... voyez... (*On voit un homme à chaque porte*).

MARIE, *se levant vivement.*

Ce temps suffira pour leur échapper.

COLETTE.

L'escalier dérobé... le pasage souterrain qui communique au château.

MARIE.

Où irait-il ensuite? poursuivi! sans asile, non!... Il faudrait que tout fût perdu pour tenter le dernier moyen, et d'abord essayons du premier de tous... (*Elle va ouvrir un petit coffret et en tire un papier.*)

ARMAND. *

Que faites-vous, et quel est ce papier?

MARIE.

J'étais enfant quand mon père, à la première campagne du jeune roi, tomba devant lui en parant de son corps un coup qui pouvait l'atteindre.. Louis reconnaissant et désolé jura qu'il exaucerait le premier vœu que je formerais... jusqu'ici je n'avais rien désiré... aujourd'hui, il peut me rendre heureuse.

* Marie Armand, Colette à la fenêtre.

Air : D'Yelva.

Quand, pour payer un dévouement fidèle,
Le roi signa cet écrit précieux,
Quand il me dit : si votre voix m'appelle,
Mon seing royal comblera tous vos vœux,
Il a voulu qu'un gage de puissance
En fût encore un de bonheur pour moi!..
Vous rendre au monde ainsi qu'à l'espérance;
C'est accomplir les volontés du roi
Je suis heureuse et j'obéis au roi.

ARMAND, *la retenant d'un geste.*

Arrêtez... et écoutez-moi...

MARIE.

Que voulez-vous?

ARMAND.

Avant d'employer pour ma liberté ce trésor royal, un mot... qui donne à cette liberté tout le prix qu'elle peut avoir.

MARIE, *le regarde en souriant.*

Quel mot?

ARMAND.

Vous l'avez deviné.

MARIE, *souriant.*

Et votre frère?...

ARMAND.

J'ai promis de lui laisser tous les biens de la terre et celui que j'envie vient du ciel.

MARIE, *lui tend la main.*

Armand!

ARMAND, *prenant sa main.*

Elle sera à moi?

MARIE.

Mon cœur m'avait toujours dit que j'aimerais quelqu'un qu'il faudrait consoler.

ARMAND.

Vous voyez bien que vous êtes un ange.

MARIE, *très tendre.*

Je ne connais personne au monde qui ait besoin de consolation autant que vous (*après avoir dit cela très-tendrement, elle s'éloigne de lui et va à Colette qui écoute à la fenêtre*). Que fais-tu là?

COLETTE.

J'écoute... c'est la fanfare, le roi est en chasse dans la forêt de Saint-Germain.

MARIE, *avec joie.*

Vous voyez donc bien que le ciel nous protége. (*Elle se rapproche de lui*). N'aviez-vous pas une demande préparée pour sa majesté?

ARMAND, *tirant un papier de sa poche.*

La voici!

MARIE, *le prenant.*

Et maintenant je vais vous quitter.

Air : De ces lieux une affaire.

Grâce au nom de mon père,
Le roi m'entendra,
Et le bonheur, j'espère,
Bientôt reviendra..

ENSEMBLE.

MARIE, *s'éloignant.*

Grâce au nom de mon père.

ARMAND, *la conduisant.*

Grâce au nom de son père,
Le roi l'entendra,
Et le bonheur, j'espère,
Bientôt reviendra.

SCÈNE II.*

Les mêmes, LA DUCHESSE DE CHEVREUSE.

(*Marie est déjà près de la porte pour sortir*).

LA DUCHESSE, *entrant par le fond.*

Ils attendront encore une heure, et ces dames se sont éloignées, peut-être plus curieuses qu'inquiètes; mais enfin, m'ayant promis le secret... pourvu que cela leur soit possible!.. vous alliez vous retirer Marie, je ne vous retiens pas... j'ai besoin d'avoir une explication avec mon neveu.

MARIE.

Je m'éloigne donc, mais c'est en disant au revoir.

ARMAND, *la suit jusqu'à la porte latérale sur le devant, où elle entre et dit :*

Au revoir!.. (*Il reste près de la porte, regardant encore quand on ne la peut plus voir. Colette suit Marie.*)

SCÈNE III.

LA DUCHESSE DE CHEVREUSE, ARMAND.

LA DUCHESSE.

Venez, Armand, il faut que je vous parle. Oui, il le faut absolument.

* Marie, la Duchesse, Armand.

ARMAND, *calme et digne.*

Je ne refuse pas de vous écouter, madame la duchesse;... mais, avant tout, avant que vous essayiez de m'imposer vos idées et de me convaincre par toutes vos raisons de convenance et d'intérêt que je dois sacrifier ma jeunesse, mes goûts, mes passions, enfin tout moi-même à la prospérité de ma famille... je vous déclare que vos paroles sur ce point seront complètement inutiles. Si je me croyais coupable, j'hésiterais, je tremblerais; mais, vous le voyez, je suis calme et parfaitement décidé.

LA DUCHESSE.

Ce calme et cette fermeté sont dignes d'un vrai gentilhomme... Un homme comme il faut doit toujours être maître de lui... Quel dommage que ce qui est convenable pour les autres soit coupable pour vous.

ARMAND

Dieu me pardonnera, car il ne verra jamais dans mon âme un désir contraire à ses lois éternelles, à celles qu'il créa pour tous... Ne nuire à personne... aider les autres... porter dans mon cœur une charité universelle, me dévouer, s'il le faut, au bien de mes semblables... Le ciel a mis tous ces vœux dans mon âme, et lui obéir à jamais sera ma loi... Maintenant, vous le voyez... hors le cloître où je ne rentrerai jamais... toutes mes volontés seront soumises à vous, à ma famille et à l'objet du plus violent amour...

LA DUCHESSE.

Ciel... déjà!.. Ecoutez-moi,.. ce cloître qui doit vous renfermer...

ARMAND, *l'interrompant.*

Arrêtez...

LA DUCHESSE.

Ces sacrifices... qui sont nécessaires...

ARMAND, *de même.*

Impossibles!.. je vous l'ai dit... ils sont trop affreux.

LA DUCHESSE, *vivement.*

Ah!.. c'est que vous ne savez pas ce que c'est que ce monde où nous vivons tous, ce que vous regardez comme affreux, et qui l'est peut-être en effet... cette contrainte qui tue une partie de l'âme au profit d'une loi, d'un intérêt et d'une convenance qu'on n'a ni faite, ni acceptée... vous ne le savez pas! mais c'est la vie.

ARMAND.

Ah!

LA DUCHESSE.

C'est la vie pour presque tous... Il en est peu dans ce monde qui n'aient jeté ainsi en holocauste à l'usage leurs plus belles facultés de bonheur, qui n'aient été forcés de comprimer leur cœur, d'arrêter leur pensée, de retenir leurs passions, et pourquoi? pour vivre... paisiblement, convenablement, comme tout le monde... c'est-à-dire... avec le plus de contrariétés... (*elle sourit*) et le moins de bonheur possible.

ARMAND.

Vous me trompez!

LA DUCHESSE.

Je le voudrais... mais ce que je dis est vrai, même parmi ceux que le monde envie, et qui passent pour les plus heureux... Si vous pouviez lire dans leur cœur, dans le mien... dans celui de votre mère!!

ARMAND, *ému.*

Ma mère!.. oh! ne me parlez pas de ma mère!..

LA DUCHESSE.

Ne pleure-t-elle pas son fils, et, si elle l'avait pu, se serait-elle jamais séparée de lui?

ARMAND.

Pourquoi donc n'a-t-elle pas reçu ses caresses? pourquoi l'a-t-elle voué à une vie si cruelle?.. pourquoi?..

LA DUCHESSE.

Silence!

ARMAND.

Oh! oui, je l'interrogerai moi-même... J'irai me jeter à ses pieds, dans ses bras!

LA DUCHESSE, *vivement, avec effroi.*

Ne faites pas cela!

ARMAND.

Cet effroi!

LA DUCHESSE.

Ne cherchez pas à la voir!

ARMAND, *vivement.*

Ne pas la voir! mais le plus ardent des désirs qui m'ont emporté loin du cloître, c'est la pensée de retrouver ma mère! l'objet d'un culte tendre et sacré dont mon âme éprouvait la seule douceur qu'elle ait connue.

LA DUCHESSE.

Hélas! comment lui dire?

ARMAND.

Parlez donc!

LA DUCHESSE.

Ma pauvre sœur se vit à l'âge de quinze ans unie au fier marquis de Théligny... toute résistance eût été inutile, la famille avait décidé... mais avant..

ARMAND.

Eh! bien...

LA DUCHESSE.

Nous avions été élevées, ma sœur et moi, chez une de nos parentes... son fils... nous croyions qu'il était destiné à épouser ma sœur, il l'aimait, et le cœur de Suzanne était tout à lui avant qu'elle sût seulement ce que c'était que l'amour, avant qu'elle eût entendu ce mot.

ARMAND.

Ma pauvre mère!...

LA DUCHESSE.

Oui, vous devez la plaindre.. elle a tant souffert!...

ARMAND.

Vous voyez donc bien qu'elle a besoin de la tendresse d'un fils pour la consoler.

LA DUCHESSE.

Vous ne m'avez pas compris, Armand, et vous aurez sans doute peine à comprendre ce qu'une femme bonne et vertueuse peut avoir à souffrir dans un monde brillant où l'apparence de la joie cache souvent tant de douleur. Lorsque Suzanne se maria contre son cœur... ah! vous ne savez pas non plus ce qu'il y a de tourments inouis, de larmes étouffées, d'angoisses impossibles à décrire dans ces seuls mots: se marier contre son cœur! se donner à celui qu'on n'aime pas, l'âme remplie d'amour pour un autre... dévorer des regrets qui sont des crimes dont un homme qui est là près de vous a le droit de s'offenser et de vous punir... et cet homme qui vous déplaît! qui vous effraie! il faut lui prodiguer... des sourires... des flatteries et des caresses... (*Elle a dit cela avec sérieux, elle sourit et dit avec ironie:*) En vérité, la société a été bien habile; car elle a inventé des tourments que Dieu n'aurait jamais imaginés...

ARMAND

O mon Dieu!

LA DUCHESSE.

Ce n'est pas tout... celui qu'elle aimait avait été chercher une mort glorieuse dans les combats... Un jour le bruit se répandit qu'il n'était plus... ma pauvre sœur à cette nouvelle fut près de succomber à son désespoir, et dans le délire de la fièvre, le nom mille fois répété de celui qu'elle pleurait, apprit au marquis de Théligny le sujet d'une tristesse qu'il lui avait souvent reprochée; mais dont il avait toujours ignoré la cause.

ARMAND.

Ah! qu'elle a dû souffrir!.. elle aussi!

LA DUCHESSE.

Le marquis fut forcé à une absence de quelques jours, et votre mère put librement se livrer à sa douleur; mais ce bruit de mort était faux, et le retour de celui qu'elle aimait la surprit au milieu de ses larmes.

ARMAND.

Il la revit!

LA DUCHESSE.

C'était notre parent!.. il avait libre accès dans la maison et il put se convaincre de la constance d'un sentiment qui eut, ah! je l'atteste, autant d'innocence que de malheurs.

ARMAND.

Et... ce retour?...

LA DUCHESSE.

Ce retour!.. l'absence de son mari... les regrets qu'elle avait montrés, tout se réunit pour servir la malignité d'un peuple oisif et toujours prêt à s'occuper de scandale... Ce fut alors que le marquis de Théligny revint brusquement, instruit de tous les bruits qu'il voulait faire taire!... Le comte de Bussy, toujours le premier à plaisanter des calomnies, reçut de lui un coup d'épée... d'autres furent forcés au silence par les soins empressés et les égards que le marquis prodiguait en tous lieux à sa jeune femme... mais le soupçon était entré dans son âme... il n'en sortit plus.

ARMAND.

Que dites-vous?

LA DUCHESSE.

Le monde connaissait la violence de son caractère jaloux.... En le voyant calme et bon pour sa femme, on ne douta plus de sa vertu et sa réputation fut intacte.... C'était tout ce qu'il avait voulu, et dès qu'il put ensuite convenablement quitter la cour il se retira seul avec elle dans une de ses terres, où rien ne le forçant plus à la contrainte il fit des tourments de la femme abandonnée à sa vengeance la seule affaire de sa vie.

ARMAND.

Ah! mon Dieu!

LA DUCHESSE, *plus bas et en hésitant.*

L'époque de ses troubles avait été aussi celle de votre naissance: Armand.... si vous avez vécu, si votre mort et la sienne n'ont pas marqué ce moment, c'est que votre mère effrayée vous avait déjà voué au ciel (*Moment de silence, Armand fait un mouvement de douleur et d'effroi*). La colère de M. de Théligny s'arrêta devant l'enfant consacré à Dieu, et devant le désespoir terrible de la mère...

ARMAND, *très agité.*

Tout ce que j'entends trouble mes idées et mes projets.

LA DUCHESSE.

Cet éclat qui va suivre votre sortie du cloître?...

ARMAND.

Mon Dieu!

LA DUCHESSE.

La puissance royale invoquée .. ce bruit, ce scandale...

ARMAND, *hors de lui.*

Ah!... mais ne dites pas tout cela!... Vous ne savez pas... non, vous ne pouvez pas savoir ce qui se passe en ce moment en mon âme... il me semble que je vais perdre la raison...

LA DUCHESSE, *avec bonté.*

Non, mon enfant, vous vous résignerez, comme tant d'autres, à un malheur nécessaire... Je vous ai ce matin semblé bien cruelle...! Si vous saviez tout ce que j'ai souffert moi-même... Je ne vous parle pas de ma vie de contrainte où j'étouffai, par le mouvement de chaque jour, le bruit des passions qui cherchait à se faire entendre; mais, en ce moment, est-ce que je ne comprends pas vos souffrances de jeune homme?... Est-ce que je ne sais pas quel affreux désespoir va briser le cœur de votre mère?

ARMAND.

A ce nom... tout mon courage s'évanouit. Ma mère!... Oh! quand elle saura mon désespoir, mon supplice de tant d'années... elle-même voudra m'en affranchir... (*Changeant de ton.*) Mais qu'avez-vous dit?... Ce bruit, cet éclat... peuvent ternir son nom?... sa vie peut être menacée? mon Dieu!... ce serait moi, son fils, qui provoquerais un scandale qui la tuerait, elle, ma mère!.. que j'ai tant aimée, tant regrettée... Je ne la reverrais que .. pour déchirer son cœur... et faire rougir son front... Mais cela ne se peut pas, c'est impossible... ce serait un crime.

LA DUCHESSE.

Ah! je reconnais un noble cœur!

ARMAND, *avec terreur.*

Mais... il me faudra donc rentrer dans cette affreuse prison baignée de tant de larmes?... Il me faudra donc quitter Marie?... Oh! nul ne peut savoir ce qu'est une femme aimée et qui nous aime, pour celui qui ne connut jamais aucun doux sentiment, qui n'entendit jamais un seul mot de tendresse... ne plus la voir!... ne plus l'entendre!... vivre dans un lieu où mon amour serait un crime, où il faudrait en étouffer jusqu'au souvenir.. Oh! l'effroi que m'inspire cette idée est plus forte que ma raison et que ma volonté... Non, non... je ne peux pas... c'est impossible!...

(*Il tombe accablé sur un siège. — On entend un bruit de voix.*)

LA DUCHESSE.

Qu'est-ce donc?

SCÈNE IV.*

LES MÊMES, BUSSY *entrant avec la* DUCHESSE D'OLONNE; MESDAMES DE BAGNEUX et DE SABRAN, puis RENÉE.

BUSSY.

Ils ne voulaient pas nous laisser pénétrer, et moi... je voulais vous dire que tout se prépare pour seconder vos désirs... Oh! toutes ces belles dames ont mis en jeu leurs protections...

LA DUCHESSE *troublée.*

Mais elles avaient promis le secret.

BUSSY, *l'interrompant.*

Il y aurait conscience à laisser renfermer un jeune homme qui a d'aussi bonnes dispositions et d'aussi belles raisons pour se plaire dans le monde... A peine arrivé, une femme... adorable l'aime... Des femmes charmantes lui font mille coquetteries... une tante, femme d'esprit, peut lui apprendre tout ce qu'on doit savoir, et un ami, mauvais sujet, veut lui apprendre tout ce qu'on doit ignorer... n'y a-t-il pas là de quoi faire une éducation complète dans les vingt-quatre heures? (*étonné.*) Mais il n'écoute pas!.. Il ne semble pas m'entendre!... (*l'appelant.*) Monsieur Armand de Théligny!

ARMAND *le regarde, étonné.*

Que voulez-vous?

BUSSY.

Rassurez-vous donc! vous serez libre... vous

* Armand, la Duchesse, Bussy, la duchesse d'Olonne, Madame de Bagneux, Madame de Sabran.

aurez, comme nous tous... une vie joyeuse et charmante... Et, quant à moi, qui ai si souvent réussi à faire des sottises, il y aurait bien du malheur si j'échouais dans le projet qui m'amenait ici. (*Renée paraît au fond et fait un mouvement de joie.*) Mon mariage avec mademoiselle de Dreux...

LA DUCHESSE.

Y pensez-vous?.. (*Elle voit Renée.*)

BUSSY, *allant à Renée.*

Et vous? (*La ritournelle commence.*)

RENÉE, *souriant.*

Je n'ai pas le temps de vous le dire, on apporte un cadeau envoyé par monsieur le comte de Bussy, dit-on.

BUSSY, *étonné.*

Bah!...

TOUTES.

Du comte de Bussy.

ARMAND, *à part, assis contre la table à droite, et la tête dans ses mains.*

Je ne comprends plus ce qui se passe autour de moi...

BUSSY, *à Renée.*

Qu'est-ce que cela? (*Un domestique, entré avec Renée, tient une corbeille dans laquelle sont quatre volumes richement reliés*).

RENÉE.

Une surprise!.. de votre part!

BUSSY, *étonné.*

De ma part?..

RENÉE.

Des livres!.. (*Lisant.*) A madame la duchesse de Chevreuse.

LA DUCHESSE, *prenant le livre.*

A moi?.. *

RENÉE, *elle donne un livre à chacune.*

Madame de Bagneux... madame la comtesse de Sabran... pour la duchesse d'Olonne.

MADAME D'OLONNE, DE BAGNEUX, DE SABRAN, LA DUCHESSE DE CHEVREUSE, RENÉE.

Air : Célébrons ces campagnes.

Sans doute, pour nous plaire,
Dans ce nouvel écrit,
Notre censeur sévère
S'est mis en frais d'esprit?

LA DUCHESSE DE CHEVREUSE, *seule.*

De la haine des femmes
Monsieur s'est effrayé :
S'il se repent, mesdames,
Serons-nous sans pitié?

ENSEMBLE.

Sans doute, pour nous plaire,

LA DUCHESSE DE CHEVREUSE.

Une marque au mien!..

TOUTES.

Au mien aussi!..

BUSSY, *il regarde sur l'épaule de la duchesse de Chevreuse, et dit à part.*

Madame de Labaume a fait imprimer le manuscrit que je l'avais priée de brûler... Une vengeance contre ces dames et contre moi...

LA DUCHESSE DE CHEVREUSE.

Ciel!...

RENÉE.

Qu'y a-t-il?

LA DUCHESSE DE CHEVREUSE. *Elle lui montre, en riant, la page marquée, et lui désigne la comtesse de Bagneux, qui est à côté d'elle, et lui dit:*

Voyez!.. (*Le même jeu se fait à chacune; elles montrent à gauche, en désignant les dames à droite.*)

Air : Des amours de Michel et Christine.

Ce qu'il est écrit d'elle
C'est la vérité!

TOUTES LES DAMES, *riant et chacune s'étonnant de voir rire les autres.*

Quelle gaîté! d'où vient donc leur gaîté?

LA DUCHESSE DE CHEVREUSE.

Ce livre étincelle
De malignité!

TOUTES LES DAMES, *même jeu.*

Quelle gaîté! D'où vient donc leur gaîté?

LA DUCHESSE DE CHEVREUSE.

Rien de tout cela ne nous choque;
Point de dépit! point de fureur!
La femme d'esprit qui s'en moque
En riant pardonne à l'auteur.

BUSSY.

Que d'indulgence et de bonté!
J'en suis confus en vérité!

ENSEMBLE.

TOUTES LES DAMES.

Ah, ah, ah! ces malices là
Chacune en rira,
S'en amusera!
Ah, ah, ah! ces malices là,
Personne ne s'en fâchera.

BUSSY.

Ah, ah, ah! ces malices là
Chacune en rira
S'en amusera!
Ah, ah, ah! j'aime mieux cela,
Mais Dieu sait si ça durera!

LA DUCHESSE DE CHEVREUSE, *retournant la page.*

Ah!.. il parle de moi!

BUSSY, *à part.*

Ouf!... le revers de la page!

MADAME DE SABRAN, *retournant la page*

Et de moi!

MADAME DE BAGNEUX, *même jeu.*

Et de moi!

LA DUCHESSE D'OLONNE, *id.*

Et de moi!

CHŒUR.

Air : Je veux tout faire.

TOUTES LES DAMES.

Plume infernale!
C'est un scandale,
Que rien n'égale!
Ah, maintenant,
Restons unies;
Que soient punies
Les calomnies
De ce méchant!

* Armand, la duchesse de Chevreuse, la duchesse d'Olonne, un Domestique, Renée, de Bagneux, de Sabran, Bussy.

BUSSY, *à part, riant.*

Comme ça change !

LA DUCHESSE.

Ce sont des calomnies !

TOUTES.

Oui, oui, des calomnies.

ARMAND, *sortant vivement de son état de rêverie, et portant sa main à son front avec un peu d'égarement, d'abord moins violent, mais s'animant par degrés.*

La calomnie!... voilà bien des fois, dans un seul jour, que ce mot affreux retentit jusqu'à moi. (*Il regarde autour de lui.*) Mais on n'en sait donc pas les effets dans ce monde, où on l'accueille en riant dès qu'elle ne vous atteint pas... Mais on ignore donc qu'elle peut condamner l'existence d'une femme et d'un enfant !.. à des tourments... à des... (*Il s'arrête et se reprend.*) Quoi !.. il existerait un monde brillant et beau où des écrits mensongers pourraient souiller la vertu... salir le talent et ternir la gloire... * Oh !.. ce n'est pas possible, la société entière se soulèverait contre eux !... car le mensonge qui vous ôte l'honneur est mille fois plus odieux que le fer qui vous ôte la vie... (*Il est un peu égaré et regarde Bussy avec trouble, puis il lui prend la main.*) Mais ce n'est pas vous... vous ne feriez pas cela ?.. Vous êtes généreux et bon... Vous vouliez me sauver...

BUSSY.

Et je l'espère encore.

ARMAND, *avec égarement.*

Pourtant !.. ce sont des propos joyeux, dont on riait, des épigrammes plaisantes... des mots piquants... puis une femme qui souffre vingt années .. un enfant qui meurt chaque jour... qui ne doit connaître ni la joie... ni l'amour... ni l'amitié.., Oui... jusqu'à l'amitié... Vous m'aviez offert la vôtre... vous vouliez me servir... Mais non... non... ne faites rien pour cela... Ne soyez ni généreux, ni bon !.. Votre amitié !.. mais ce serait un regret de plus... Ces femmes !... éloignez-les donc... Vous ne voyez pas ces liens qui me tiennent... qui me serrent... qui m'étouffent...

LA DUCHESSE DE CHEVREUSE.

O mon Dieu !...

ARMAND.

C'en est trop !... ma tête brûle... je ne puis plus me soutenir... je me meurs... (*Il retombe accablé sur le sopha.*)

LA DUCHESSE.

Ciel !... si sa vie était menacée...

BUSSY.

Non... des émotions trop vives que le repos calmera... Eloignez vous, mesdames. (*Toutes les femmes au lieu de s'éloigner s'approchent*).

* La duchesse de Chevreuse, Armand, Bussy. (*Les autres dames au second plan.*)

SCENE V.

Les mêmes, MARIE.

MARIE, *souriant et entrant par le fond.*

Eh bien ! qu'y a-t-il?

LA DUCHESSE, *montrant Armand.*

Accablé par ces derniers jours de fatigue et de chagrin...

MARIE, *souriant.*

Qui vont finir.. tranquillisez-vous... et allez trouver quelqu'un qui vous demande, chère duchesse... un exprès venu de loin.

LA DUCHESSE, *regardant Armand.*

Mais !...

MARIE, *de même.*

J'y veillerai ! que ces dames me permettent de rester seule ici avec M. de Théligny... Nous vous rejoindrons ensemble dans peu d'instants... Une bonne nouvelle va le guérir... et effacera toutes les émotions pénibles de la journée...

Air : Dernière pensée de Weber.

Je ne veux plus qu'on se désole!
Le ciel nous rend des jours sereins ;
J'apporte une heureuse parole
Qui va chasser tous les chagrins.

ENSEMBLE.

MARIE.

Je ne veux plus qu'on se désole!

LA DUCHESSE.

Vainement sa voix le console,
Désormais plus de jours sereins !
Est-il une heureuse parole
Qui puisse bannir ses chagrins.

BUSSY.

Oui que votre voix le console,
Rapportez-lui des jours sereins !
Et que votre douce parole
Bannisse à jamais ses chagrins?

ENSEMBLE.

MESDAMES D'OLONNE, DE BAGNEUX, DE SABRAN.

Oui que votre voix le console,
Rapportez-lui des jours sereins,
Et que votre douce parole
Bannisse à jamais ses chagrins.

(*Bussy et les dames sortent.*)

SCENE VI.

MARIE, ARMAND.

MARIE.

Comme il est accablé !... et qu'il est doux de penser que la joie va revenir... et par moi.

ARMAND, *encore égaré.*

Il me semble qu'un rêve terrible !... ah !... c'est elle !...

MARIE.

Oui, moi ! .. (*elle approche.*) Comme vous êtes pâle... tremblant...

ARMAND, *cherchant dans sa mémoire.*

Oui !... j'ai souffert depuis que vous m'avez quitté...

MARIE.

Mais me voici.

ARMAND, *tristement*

Toute ma vie j'ai souffert.

MARIE, *gentiment et s'assayant près de lui sur le sopha.*

Ne m'avez-vous pas choisie pour vous le faire oublier.

Air : Au premier abord votre mine. *(Filles à marier.)*

Ce devoir, j'en ai l'espérance,
Il sera bientôt accompli!
Ma voix chassera ma souffrance,
Et dans votre âme ma présence
Ce passé versera l'oubli. *(bis)*
Pour nous aimer Dieu nous fit naitre,
Et mon cœur, de vos maux fut blessé
Qui vous plaignait sans vous connaître,
Sentit en vous voyant paraître
Qu'il avait déjà commencé!
Oui, j'avais déjà commencé.

ARMAND, *la regardant avec amour.*

Dieu!... qu'elle est charmante!... *(Il passe a main sur son front.)* Le mal s'efface à sa vue.

MARIE, *gaiement.*

Qu'il disparaisse sans retour.

ARMAND, *de même et se levant.*

Oh!... laissez-moi vous contempler encore!.. entendre cette voix qui me ravit, toucher cette main...

MARIE, *recule un peu craintive.*

Ecoutez-moi!...

ARMAND, *de même.*

Oui, parlez... je vous en prie.

MARIE.

Plus de craintes; le roi a lu votre demande, il est jeune, il a compris vos souffrances... *(Avec embarras.)* Puis, il a regardé sa promesse royale que j'y avais jointe, alors il a souri... lui aussi, il aime... et il a dit : Je veux qu'ils soient heureux tous deux!... Quand le Roi dit : je veux!... *(Elle se rapproche et sourit gentiment)*, il faut bien obéir...

ARMAND, *encore égaré.*

Heureux tous deux!... vous aussi!... Est-ce possible!...

MARIE.

Je vous l'ai dit. Si moi, j'ai vécu dans le monde quand vous viviez dans la solitude, je trouvais ma vie trop frivole, comme vous trouviez la vôtre trop austère. Vous me donnerez ma part dans vos chagrins et moi dans mes plaisirs. Il me semble que je vous en dois un pour chacun de vos regrets...

ARMAND, *d'une voix concentrée, ayant l'air de se souvenir de tout.*

O mon Dieu!...

MARIE, *effrayée.*

Qu'y a-t-il?...

ARMAND, *à lui-même.*

Est-ce le ciel qui m'éprouve?... est-ce un supplice que l'enfer invente?...

MARIE, *effrayée.*

Que dites-vous?..

ARMAND, *à lui-même.*

Refuser un bonheur dont la seule pensée me rend fou de joie.

MARIE, *étonnée et effrayée.*

Refuser!...

ARMAND.

Vous êtes jeune, belle, avissante! pour tous .. mais pour moi, c'est plus encore, c'est le rêve unique, la pensée constante d'une âme ardente et tendre... Votre amour, c'est le ciel!.. je l'aurais payé de ma vie!... je la donnerais pour que vous fussiez à moi!... Défendre la femme que j'aimerais... servir noblement mon pays... la justice et l'honneur!... vivre enfin de cette vie heureuse et glorieuse que je rêvais... Mon Dieu!.. mon Dieu!... vous ne m'aurez montré tous ces biens, que pour me forcer à y renoncer...

MARIE.

Y renoncer!...

ARMAND.

Ce moment où je vous vois... où je vous parle... où vous m'avez dit que vous m'aimiez... Eh! bien, cette heure, c'est la dernière... je vais vous quitter... vous dire adieu... et c'est un adieu éternel!...

MARIE.

C'est impossible!...

ARMAND

Je vais partir... retourner avec eux dans le cloître... y chercher une mort lente... affreuse.. qui seule peut mettre un terme à mes tourments...

MARIE.

Revenez à vous!... *(suppliante.)* N'écoutez pas quelque vain scrupule... Dieu et les hommes... vous approuvent et secondent vos desseins... et moi, moi je vous supplie... c'est celle que vous aimez, qui vous aime!... qui vous demande en grâce votre bonheur et le sien...

ARMAND, *faisant un mouvement pour aller à elle.*

Et je refuserais!... *(Il s'éloigne vivement.)* Ah! c'est affreux!

MARIE, *avec effroi.*

Si je m'étais trompée... s'il ne m'aimait pas...

ARMAND.

Ciel!..

MARIE, *avec amertume.*

J'aurais donné ainsi toute mon âme, j'aurais avoué mon amour à tous... je l'aurais porté jusqu'au pied du trône pour le.. . repoussée et abandonnée... Oh! mon Dieu!.. *(Elle tombe assise à droite.)*

ARMAND.

C'en est trop!.. c'est au-dessus de mes forces... moi, ingrat envers celle que j'aime avec passion... mais c'est impossible!..

MARIE.

Ah!..

ARMAND, *se souvenant.*

Ou bien... cruel envers le premier devoir d'un homme de cœur... (*A lui-même.*) Ma mère mourante et...

MARIE, *l'examinant.*

Quel combat dans son âme!..

ARMAND, *à lui-même.*

Mon Dieu!.. délivrez-moi d'une vie si malheureuse...

MARIE, *étonnée et se levant.*

Il demande à mourir...

ARMAND.

La quitter!..

MARIE.

Il m'aime et me quitte!.. il aspire à la liberté, et la refuse!..

ARMAND.

Oh!.. quel devoir...

MARIE, *cherchant à comprendre.*

Un devoir...

ARMAND

N'est-il pas sacré?..

MARIE.

Ciel!..

ARMAND.

Des dangers pour elle!..

MARIE.

Elle!.. une seule affection jusqu'ici...

ARMAND.

Ma mère!..

MARIE, *ayant l'air de comprendre.*

Sa mère!.. le passé!.. je comprends tout!..

ARMAND.

Aurai-je assez de courage!..

MARIE, *pleurant.*

Ah!.. qu'il m'en faut aussi!... (*Allant vivement à lui*). Armand, s'il faut nous séparer... moi aussi, je prierai pour votre mère... car elle a bien souffert... et du moins nous serons unis dans cette pensée comme dans nos regrets..

ARMAND, *étonné et vivement.*

Vous savez tout...

MARIE.

Air : T'en souviens-tu.

Oui, nous vivrons d'une même pensée,
Mêmes devoirs rempliront tous nos jours,
Mêmes regrets à notre âme blessée
Retraceront ces doux moments si courts!
Que notre vie obscure et solitaire
Soit désormais une existence à deux,
Un seul amour commencé sur la terre
Pour l'emporter ensemble dans les cieux.

ARMAND.

Vous êtes un ange!.. Le courage revient à votre voix... Je partirai... Ciel!. (*En ce moment arrivent les personnes qui sont venues à la fin du second acte et l'exempt*). Déjà! il faut les suivre, sans bruit... sans éclat... Oh!.. c'est affreux!...

MARIE, *près de lui, prête à se trouver mal, et s'appuyant un peu sur son épaule, bas.*

Adieu!..

ARMAND, *faisant de grands efforts.*

Encore un instant et je pars..

MARIE, *à part, faiblissant.*

Mon Dieu!. Aurai-je la force de le lui conseiller encore...

ARMAND.

Un mot... oui.. que votre voix soit le dernier bruit que j'entende en ce monde...

MARIE, *lui disant tout bas.*

Armand, je t'aime!...

ARMAND, *vivement.*

Partons!... (*Il fait quelques pas.*) Ne la regardons pas... je ne pourrais plus partir. (*Il va pour sortir, Marie tombe assise à droite.*)

SCENE VII.

LES MÊMES, LA DUCHESSE DE CHEVREUSE, *puis, un peu après,* BUSSY, RENÉE, *et les autres femmes.*

LA DUCHESSE, *vivement.*

Restez!... (*Mouvement de surprise.*) Comte de Théligny, ne quittez pas... votre femme...

ARMAND ET MARIE.

Ciel!.. quoi!.. que dites vous?..

LA DUCHESSE.

Le marquis de Théligny a cessé de vivre et votre mère vous attend.

ARMAND.

Libre!.. Moi!

BUSSY, *gaîment en entant au fond où il reste.*

Libre, lui!.. et moi renfermé!... Pour mes écrits le roi m'envoie à la Bastille.

RENÉE, *allant à lui et lui prenant la main; les autres femmes aussi se rapprochent un peu.*

Quand la puiss. ce punit, les femmes pardonnent.

BUSSY, *lui baisant la main.*

(*Aux dames*).

Quel bonheur!.. il paraît, mesdames... que Louis Quatorze (*il indique Armand et Marie*) permet qu'on vous aime... mais non pas qu'on vous blâme!...

TOUTES, *gaîment et vivement.*

Oh!.. le grand roi!..

FIN.

Imprimerie hydraulique de GIROUX et VIALAT, à Saint-Denis-du-Port, près Lagny.

www.ingramcontent.com/pod-product-compliance
Ingram Content Group UK Ltd.
Pitfield, Milton Keynes, MK11 3LW, UK
UKHW021030260726
13994UKWH00005B/2054